教导主任工作问题案例集

黄银美 主编

中国轻工业出版社

图书在版编目(CIP)数据

教导主任工作问题案例集/黄银美主编.—北京：中国轻工业出版社，2017.12（2023.2重印）
ISBN 978-7-5184-1566-3

Ⅰ.①教… Ⅱ.①黄… Ⅲ.①中小学-教导主任-工作-案例 Ⅳ.①G637.3

中国版本图书馆CIP数据核字（2017）第207021号

总 策 划：石　铁
策划编辑：孔胜楠　　　责任编辑：孔胜楠
责任终审：杜文勇　　　责任校对：刘志颖　　　责任监印：吴维斌

出版发行：中国轻工业出版社（北京东长安街6号，邮编：100740）
印　　刷：三河市鑫金马印装有限公司
经　　销：各地新华书店
版　　次：2023年2月第1版第3次印刷
开　　本：710×1000　1/16　印张：16.5
字　　数：153千字
书　　号：ISBN 978-7-5184-1566-3　定价：42.00元
印　　数：7001—9000
读者热线：010-65181109，65262933
发行电话：010-85119832　传真：010-85113293
网　　址：http://www.chlip.com.cn　http://www.wqedu.com
电子信箱：1012305542@qq.com
如发现图书残缺请拨打读者热线联系调换
170399Y1X101ZBW

编委会

主　　编　黄银美

副 主 编　陈德中

编　　委　金　魁　　井枫屏　　倪晨瑾　　王亚娴　　于　斌　　朱培波

编写人员　陈德中　　陈　馨　　陈志萍　　程　镝　　丁维兵　　范玲玲
　　　　　　方　慧　　韩　璐　　皇甫海燕　金　魁　　晋　欢　　井枫屏
　　　　　　利　刃　　刘宁燕　　刘　莹　　罗志蓓　　马芳英　　倪晨瑾
　　　　　　宁景位　　潘霄燕　　钱　婷　　邵　雁　　司美玲　　孙晓芳
　　　　　　孙　韵　　王　劼　　王　军　　王　玲　　王亚娴　　吴芳芳
　　　　　　吴　霄　　夏　勇　　谢家宏　　许　雯　　杨湘革　　杨义凤
　　　　　　于　斌　　查　静　　张伶俐　　张　群　　张淑芳　　张绪波
　　　　　　张学思　　周建华　　朱海泉　　朱瑾伟　　朱培波　　朱志林

（按姓氏音序排序）

前　言

我从 2006 年开始承担南京市小学教导主任的培训工作。为了做好此项工作，我边研究边实践。在实践中，我认识到，要办好教导主任培训班，提升培训的效率，关键是要研究教导主任培训的课程设置。而研究教导主任培训课程设置的起点是，基于小学教导主任继续教育的需求，这种需求必然源于时代和社会对小学教导主任的要求以及教导主任个体发展等多层面的理想状态和现实状态之间的差距。因此，作为一名负责教师培训工作的教师，首要的任务就是分析教导主任队伍现状，找出现实与理想的差距，把"消差"作为课程编制的一个基本依据。基于这样的认识，我组织开展了如下一些研究。

首先，为了规划好教导主任培训课程，我对全市教导主任工作及培训情况进行了一次比较全面的调查和分析。根据调查的情况，开展了"教导主任培训课程开发的研究"以及"教导主任培训课程资源建设的研究"等课题研究。

其次，组建了一支从教导主任岗位成长起来的小学校长队伍，称之为教导主任培训导师团，重点研究教导主任这一角色及其工作职能、流程、方法等。我们在对教导主任的情况有了较为全面的了解后，就边研究边培训，重点对教导主任的工作定位、工作流程、工作任务职责、工作方法等进行了系统的研究和梳理。从 2006 年到 2011 年，经过整整六年的培训和研究，我们总结了一些培训规律和教导主任成长的规律，并于 2011 年由南京大学出版社出版了《教务主任的工作艺术》一书。

同时，我们通过研究发现，理想的教导主任应该既是学科专业的能手，又是管理上的行家；是既具有新课程理念，又能在实施新课程中不断进行反思，从而科学推进新课程改革工作的骨干力量；是素质教育实施的践行者；是稳定学校教育教学秩序，规范学校教育教学管理，提高学校教育教学质量的关键人物。但是，现实中的教导主任，缺乏有效的方法和策略，特别是对于一些具体的事情以及共性问题该怎样解决比较科学，缺乏好的方式方法。比如，在绩效工资背景下，如何激发教师工作的积极性？教导主任和分管教学的校长之间到底该如何相处？教师在参加校本研修活动过程中出现倦怠该如何解决……这些问题的探究，不仅可以帮助教导主任解决工作中的瓶颈问题，而且能为学校的稳定发展提供一些有价值的策略。由此引发我们聚焦于工作案例、聚焦于问题解决的教导主任工作的又一次探索与实践。

自 2010 年，我们开展的教导主任培训就本着这样的培训理念："解决学员的问题，让学员自己解决问题"。在每次教导主任培训班开班前，我们都要进行问卷调查，让每一位学员写出他认为在工作中感到困惑的管理案例和成功的管理案例各 1—2 个。继而，我们会对学员的管理案例进行归类整理和具体分析，在分析的基础上，在培训中再现案例情境，让所有的学员进行对话、交流、经验分享、思维碰撞。最后，我们会让专家进行点评和理论提升。这样，在对话交流中让一个个鲜活的案例丰富起来，在专家的分析和指导下解决学员工作中的一个个困惑、难点和问题。比如，在 2010 年南京市小学教导主任培训班开班前，我们先进行了书面问卷调查（问卷内容涉及学员的基本信息收集、培训需求信息收集、教学管理成功与困惑案例收集等），并对问卷数据进行了统计和文字分析，及时形成了书面分析报告。

在此列举部分数据以供解读。

在"基本信息"一栏中，学员任职 3 年内的占 45%，4—6 年的占 29%，6 年以上的占 26%；语文学科占 61%，数学学科占 39%。——教导主任以教授主要学科的教师为主。

在"培训需求"一栏中,"优化排课"的培训需求占45%,"如何有效组织校本研修"的培训需求占74%,"教学评价体系"的培训需求占90%,"教导主任一日常规、一周(月)常规工作"的培训需求占42%。——对于教导主任培训的需求都是非常实际的,希望能够解决他们的工作问题。

在"管理案例"一栏中,所写信息涉及最多的是对人的管理,对有效管理制度和策略的形成,对常规教学管理和评价工作的落实,与其他管理部门之间的协调四个方面。——管理案例涉及教导主任工作的方方面面。

这些资料令每次后续培训的负责人有了翔实的培训依据,为他们设计具体的培训活动方案奠定了基础。我们的培训来自学员,来自实际,有的放矢,做学员需要的培训,做学员感兴趣的培训。

又经过近五年的培训和研究,我们对2009年、2010年、2011年、2014年、2015年(其间,2012—2013年没有招收学员)近250名教导主任所提供的一个个工作案例进行了分类整理,由此发现这些案例不外乎以下几方面:教学"五认真"管理、教务课务管理、校本研修管理、学科建设管理、人际交往与沟通管理、管理的方法和技巧等。我们认为,如果一位教导主任对于这些方面的工作问题,有了解决的措施和方法,那么他的工作一定会获得成功。

因此,从2015年开始,我们着手准备将这五年以来的培训成果进行汇编和整理。这些案例不仅涵盖了南京市教导主任工作的问题和解决方案,同时也体现了江苏省乃至全国教导主任工作中将会遇到或者已经遇到的一些管理问题。这些问题的答案,无论是对刚参加工作的教导主任,还是有了一定管理经验的教导主任来说,都是弥足珍贵的经验,更是解决问题的良方佳策。如果说,我们的第一本书《教务主任的工作艺术》是对教导主任工作内容、流程、方法、策略从宏观和中观层面进行的诠释和阐述,那么,这本《教导主任工作问题案例集》则从微观层面解决工作中的一个个具体问题,同时,在案例后的分析和策略中,又不乏从理论层面进行的剖析,指出解决这类问题的方法和策略的依据。

全书共分八章:第一章"教导主任角色定位",从专家、校长、教师三个不同方面来看教导主任的角色定位，开篇就让教导主任了解自己的工作性质和角色定位。第二章"教导主任与教学'五认真'管理"，依据教学"五认真"管理的五个方面，通过六个典型案例进行案例描述、案例分析，提供策略与建议。第三章至第七章，分别是"教导主任与课务管理""教导主任与学科建设""教导主任与校本研修""教导主任与人际沟通""教导主任与管理方法"，同样采取了典型案例分析的方法，其主要意图是，帮助教导主任从案例中提炼和总结规律性的原则和策略，从案例中吸取教训，从案例中得到启迪和思路。第八章"教导主任与自我发展"，针对教导主任的问题"教导主任是否种了别人的地，荒了自己的田"进行了解答。在我做教导主任培训期间，许多教导主任对我说，做了教导主任就会阻碍自己的专业成长，因此在培训课程的设置上，我们有一个专题是"教导主任与自我发展之间的关系"，让教导主任就这个问题进行辩论，通过辩论来说明，教导主任如何在做好本职工作的同时，发展自己的专业。这一章先记录了辩论会的一个过程，接着选择八位教导主任包括参与本书编写的几位核心人员所阐述的自己的管理故事或成长故事，以此描述教导主任如何处理好管理工作与自身专业发展的关系。同时，这些从教导主任岗位上成长起来的老师，其教导主任成长经验和教训会给我们一线的教导主任带来一些启示，也值得大家借鉴。

黄银美

2017年8月于南京

目录
CONTENTS

第一章 教导主任角色定位 / 1

    教育专家眼中的教导主任 / 2

    名校长眼中的教导主任 / 5

    教师期待中的教导主任 / 6

第二章 教导主任与教学"五认真"管理 / 11

  教学"五认真"简介 / 13

    教学"五认真"的内容 / 13

    教学"五认真"的新义 / 13

    教学"五认真"与教学质量的关系 / 13

    教学"五认真"对于教导主任的意义 / 14

  教学"五认真"管理案例 / 14

    集体备课的新视角 / 14

    被"拒绝"的推门课 / 18

    作业"学习",新的尝试 / 21

    辅导要从"心"开始 / 24

    均量值:一种质量评价的科学工具 / 27

    点诵:"学业测评"的有效尝试 / 30

他山之石：美国"形散而神不散"的教育管理 / 33
    美国的教育管理现象 / 33
    美国的教育管理启示 / 34

第三章　教导主任与课务管理 / 35

课务管理简介 / 37
    课务管理的内容 / 37
    课务管理的意义 / 37

课务管理案例 / 38
    听到这样的课务安排，她哭了 / 38
    由两位老师临时休长病假引发的 / 41
    自行调课后 / 45
    代课风波 / 48
    让日常巡课成为管理的习惯 / 51
    阅卷安排遭遇的尴尬 / 53

他山之石：英国表现管理制度及其启示 / 56
    英国表现管理制度 / 56
    英国表现管理制度的启示 / 57

第四章　教导主任与学科建设 / 61

学科建设简介 / 63
    学科指什么 / 63
    学科四要素之间的关系 / 63
    教导主任与学科建设 / 64

学科建设案例 / 64
    组元：实现教育供给侧精准帮扶 / 65

跑班自选：课外阅读走进儿童世界 / 74

学校特色课程的开发与实施 / 78

数学教研团队建设的尝试 / 82

学校青年教师团队建设的实践 / 86

他山之石：澳洲"生态教育"思考 / 91

充满智慧的主题式教学 / 93

充满尊重的活动性课程 / 95

充满合作的团队精神培养 / 95

充盈博爱的教师行为自觉 / 96

充分参与的全员体育活动 / 96

充分民主的家校合作办学 / 97

第五章　教导主任与校本研修 / 101

校本研修简介 / 103

什么是校本研修 / 103

校本研修实施流程 / 103

校本研修的组织与管理 / 103

校本研修管理案例 / 104

一节没人听的教研公开课 / 104

问题突破：一种常规教研的新途径 / 108

校本研修形式的实践与思考 / 110

"卷入"式校本研修的实践 / 117

合作体验式教师培训案例与思考 / 121

教师的专业发展也需要"减负" / 128

他山之石：我国台湾师资进修培训探微 / 131

师资进修培训有法可依 / 131

师资进修培训机构繁多 / 131

师资进修培训分层管理 / 132

师资进修培训课程多样 / 133

第六章　教导主任与人际沟通 / 135

人际沟通简介 / 137

什么是人际沟通 / 137

教导主任人际沟通与交往图 / 138

人际沟通要领 / 139

人际沟通案例 / 140

他得到了教导主任如此的"帮助" / 140

"笨小孩"管理 / 143

教学常规检查，他的课得了 C 级 / 146

备课互查中发生的一件事 / 149

执教 30 年的老教师的论文只得了三等奖 / 152

家长气冲冲地来到教导处后 / 156

大队部的活动占用正常教学时间 / 161

他山之石：来自美国校园的管理沟通案例 / 163

来自美国学校的一则沟通案例 / 163

美国校园沟通管理的启示 / 165

第七章　教导主任与管理方法 / 167

管理方法简介 / 169

什么是管理方法 / 169

管理方法的分类 / 169

学校管理方法的运用 / 170

管理方法案例 / 171

监控器下的考勤制度 / 171
　　管理中的"民主" / 175
　　细节决定管理执行力 / 177
　　美术专职老师任教数学课引发的思考 / 180
　　遭遇"刺头老师" / 184
　　这样管理累不累 / 188
他山之石：美国的教师管理及启示 / 191
　　美国的教师制度管理 / 192
　　美国教师制度管理的启示 / 195

第八章　教导主任与自我发展 / 197

自我发展简介 / 199
　　什么是自我发展 / 199
　　自我发展方法 / 199
从一场辩论会看教导主任与自我发展 / 200
教导主任自我成长的故事 / 213
　　平平凡凡才是真 / 213
　　在学习中成长　于艰辛后收获快乐 / 215
　　我的"教导"故事 / 218
　　我这八年 / 220
　　我的成长之路 / 224
　　教导主任职务带给我的两道命题 / 227
　　有一种管理叫服务 / 232
　　这里风景独好 / 235

参考文献 / 243

后　记 / 245

第一章
教导主任角色定位

教育也是职场，身在职场，角色意识很重要。如果你对自己的身份、工作任务没有准确的定位，就可能不清楚自己的坐标，不知道从哪里出发，要到哪里去。

怎么理解教导主任的角色？本章将从教育专家、名校长和一线教师三个角度来分析。我们邀请了上海、浙江、江苏等三个省市的一些教育专家和名校长，让他们来谈谈对教导主任这个角色的认识。视角不同，理解自然不一样。其中，既有基于教育管理的高屋建瓴，又有基于工作实践的平实解读，更有紧贴专业成长的理性期待。不同的诠释，或许会给大家不一样的启示。

一、教育专家眼中的教导主任

孙双金 江苏省特级教师，全国首届十大明星校长，南京市北京东路小学校长

教导主任既是教务角色，又是指导角色。教导主任首先是教学行家里手、学科领头人，这样在教师中才有威信；其次是要具备管理能力，这两样缺一不可。教导主任是执行者，校长出思路、出点子，主任抓执行、抓落实。

李伟忠 上海市特级教师，上海市静安区教育学院德育教研员

教导主任是学校的中流砥柱。教导主任要上情下达，及时将学校的决策和思想转化为"作战"方案；也要下情上传，把来自基层的情况上传到决策层，以便及时调整行动的方略，从而制胜。因此，教导处实际上是协调处、作战指挥处，教导主任就是学校的协调员，是一切教育教学活动的指挥员。

章献明 浙江省特级教师，全国中小学德育研究会理事，杭州市"十佳校长"，杭州西湖小学教育集团总校长

教导主任是学校德育管理的促进者，教育教学计划的实施者，教师培训培养的主管者，学校课程质量的把关者，学生活动开展的策划者。

厉佳旭 浙江省特级教师，宁波市名校长，宁波市镇海区立人中学校长

教导主任是学校贯彻教育方针，落实教育政策，确保教育质量的关键人物。他应当是教育和教学管理方面的专家，在同事、同行中有着较高的专业威望和地位；也是教师教学思想上的引领者，教育教学的研究者，教师教学业务工作的指导者，助推教师专业成长的促进者。

张　敏　上海市特级校长，上海市静安区第一中心小学校长

教导主任是学校中层的核心。教导主任的个人素养归纳起来要有"三道"：进得了课堂，出得了礼堂——专业有道；提得出问题，做得好课题——研究有道；听得到掌声，听得进呼声，听得见心声——做人有道。只有在岗位实践中不断提升思想的深度、文化的厚度、事业的态度、工作的力度、阅历的广度和做人的气度，才能成为校长决策的支持者和教师行动的领导者。

罗树庚　浙江省特级教师，宁波市名师、名校长，宁波国家高新区实验学校校长兼党支部书记

教导主任在学校管理系统中有着举足轻重的地位与作用。无论是学校里的课程设置表、作息时间表、学生活动安排表的安排，还是开学初学校教学计划的制订，期中教学情况诊断分析，期末教学质量提升总结等，都是如此。可以说，教学秩序是否井然，教学常规是否规范，都取决于教导主任。因此，教导主任是学校的内当家。

二、名校长眼中的教导主任

陈康金 全国优秀教育工作者,南京市基础教育专家,南京市东庐中学校长

教导主任是主持学校教学管理工作的中层领导。教导主任既要当好校长的助手,又应该是教育教学的骨干,还要成为各群团的协调人。既要有学校中层领导应有的执行力和服务力,又要有学校课程的领导力。

邱曙光 杭州天杭教育集团校长,杭州市江干区名校长,杭州市首批学科带头人

教导主任不仅是校长的得力助手,更是与老师们共同进退的领头人和合作者。教导主任的角色形象地说,就是要做好校长管理的参谋长,做好课程实施的管理者,做好人际关系的协调人,做好教师工作的服务员。

丁玉祥 南京市名校长,南京市秦淮区教师发展中心副校长

学校教导主任是校长意图的执行者,也是校长与教师沟通的联络者、协调者,更是学校管理制度实施的监督者。对上配合是助手,对下管理是能手,平级协作是好手。

蔡小平 南京市名校长，南京市百家湖小学校长

教导主任作为教师中的首席，是教学愿景的描绘者，是教改前行的引领者，是问题解决的推动者，是管理文化的建设者。

三、教师期待中的教导主任

教导主任＝能工巧匠

你也许曾见过云锦织造，两位熟练的织工一天只能生产5～6厘米云锦，这种工艺至今仍无法用机器替代；你也许看过电视里的文物修复师，他们的工作要慎之又慎，否则一段历史也许就此消亡；当然，更易见的是路边卖糖画的，最廉价的糖稀经过他的几下勾勒，立刻变成了栩栩如生的动物形象……这些被赞叹、尊敬的人们，他们有着共同的精神——工匠精神。我心中的教导主任亦是如此。

精诚 《学记》有云："亲其师，信其道。"什么样的教导主任能让人亲近、信服？我想，正如每一位工匠对待自己的作品一样，他应该对教育事业、对学校、对教师无比真诚，这样才能"精诚所至，金石为开"。

精思 优秀的工匠需要就如何精进工艺不断思考，优秀的教导主任同样应该是善于思考的。善于思考的教导主任，总能拿出时间对自己关注的问题进行研究，找准方向；总能发现事件中各个要素之间的内在联系，找出方法；总能从同伴那里得到启示，触类旁通；总能在实践中不断反思，精益求精。

精学 "思而不学则殆"。不断学习才能紧跟时代的步伐，为学校教育教学工作注入"源头活水"。一位优秀的教导主任要不断学习党的各项方针政策和国家的法律法规，能够按政策法规办事；要学习各种先进的管理经验与手段,具备较强的管理能力;要学习先进的教育教学理念,能够真正地在教育教学中起到导向作用。教导主任是学校教育教学中的权威,是教师们的引路人。

精干 这里的"精干"取"善于实践"之意。优秀的教导主任绝不能纸上谈兵,而应带领教师们大胆地投入教育改革实践中,把每一项工作、每一次教研都当作艺术品打磨,力求臻于完善。他还要成为教学中的佼佼者,勇于尝试新的教学方法,在教学中起到榜样示范作用。总之,教导主任要在教学和管理实践中充实自己、完善自己。

(南京市游府西街小学 吴霄)

教导主任 = 一线教练

我心目中的教导主任是像西班牙足球教练齐达内式的领军人物,他拥有最前沿的理论,他具有雷厉风行的做事风格,他拥有强大的人格魅力,为师生树立可以用来参照和学习的标杆。

作为一个团队的灵魂核心,他既要有精湛的技艺,寻求教育教学发展的新出路,将"场内指挥权"牢牢控制在自己手中;又要有敏锐的目光、广阔的视野,在第一线的教学实践中发现问题,针对问题的出现做出合理的判断,运用自身的经验与智慧,指导教师进行教育科学研究,掌握切实可行的教学原则和行之有效的教学方法,去攻破难题的大门,促进整个教师团队的专业化成长。

在日常的教育教学活动中,教导主任既是"队长",同时也是一线团队中的一员。这就要求教导主任要有较强的沟通协调能力,在贯彻主教练(校长)下达的指令的同时,还需根据教学实践中的实际情况提出自己的主张与见解,让一切井井有条。

在教师工作的指导方面,他可以凭借精湛的教学思路让其他老师尊重,又可以放下架子,忍住脾气,依靠人格魅力令人拜服!还要让每个岗位上的成员各尽其职，互相提携，形成良好的协作氛围。

这就是我心目中的教导主任，也许有些理想化，但我相信总会遇到！

（南京市银城小学　马芳英）

教导主任＝专业的导师

师者，传道授业解惑也。教导主任，当然也是一名教师，是为学生传授学业、解其困惑的，不过在教师身份之外，又多了一层意思。东汉许慎《说文解字》这样解释：导，引也，也就是引导的意思。教导主任，就是教师的引导者的意思。我心目中的教导主任是怎样的？我想说，天正小学的教导主任们就是一个个出色的存在。

因为专业——让我敬佩

我喜欢教导主任的博学，尤其是专业的学科知识。听过佩贤老师的语文课，教学语言犹如精雕细琢，每一个教学环节都是那么缜密，并环环相扣。黑板上的板书是标准的楷书，令人赏心悦目。看到这样的字，我不禁汗颜，也下定了要努力练字的决心。每一次语文组的教研活动，佩贤老师都侃侃而谈，见解独到。记得上学期，执教《识字6》这一堂公开课前，我在食堂遇到了佩贤老师。当时不知道如何处理"萤火虫"这个词语，而我的设计又非常复杂，一时不知如何是好。就在我们俩吃早饭的时间，佩贤老师指出这个词是孩子熟悉的词，可以引导孩子自己说，同时也要告诉孩子，因为环境的原因，萤火虫已经越来越少了，所以，要注意对保护萤火虫这一环保主题的渗透。我听从了她的建议，课也上得十分流畅。我喜欢和佩贤老师聊天，因为听她说话是一种享受，也是一种熏陶，更是一种学习。

因为热心——让我感动

教导主任不是冷冰冰的专门搞学问的老学究，而是一个个活生生的热心人。前一阵子，我的老同学找到我，说是需要一批适合小学生的图书。因为他的家乡在偏僻的湖北山区，他回乡时发现村里的孩子大多是留守儿童，没有书读，精神食粮匮乏。无疑，寻求城市小学的募捐必定是最佳选择。于是，我找到了朱芹老师，她立刻在全校发起了倡议，迅速募集到近30箱书，寄往山区，让山里的孩子享受到阅读的乐趣。我们学校的教导主任各个都有人情味。当我和家长沟通受到委屈时，王军主任帮我细心分析，耐心疏导，给我打气。当我在科研上遇到难题时，万高峰主任热心地帮我解决，这些都让我特别感动。

因为执着——给我方向

每次评职称的时候，听到王军主任、张佩贤老师的述职，看到他们获得的荣誉，打心眼里觉得他们是把教育当作一份事业来做的。教导主任比普通老师更加忙碌，工作日他们脚步匆匆，星期天他们加班加点。他们的心血汇聚成一个个荣誉，他们的智慧幻化成一个个课堂。他们坚持着，努力着。有一天，当他们站在高处，语调平静地述说着自己的教育生涯时，我们知道，这其中付出了多少努力！每到那时候，我总觉得，他们的执着给了我执着的方向。

我心目中的教导主任，就如我们学校的教导主任们，专业、热心、执着。有这样的引领者，真好！

（南京市天正小学　陈志萍）

教导主任＝美又"真"的气质

严肃认真，不苟言笑，永远收拾得一丝不苟，鼻梁上托着一副厚厚的眼镜，最好是黑框的。这活跃于影视剧里的经典教导主任形象，在今天看来，缺了点亲和力，也少了点人情味。

我心目中的教导主任，是美的。倒不在意是否青春靓丽，而是从内而外散发的或幽默或严谨或亲切或冷峻的魅力，是丰富内涵的外化体现，是优秀经验的量化外显。

开展工作时，他迸发出指点江山般的热情与智慧，是美的。

总结汇报时，他展现激浊扬清的魄力与见地，是美的。

三尺讲台上，他谈笑风生、游刃有余，是美的。

体恤年轻老师时，他给予随风入夜、润物无声的关怀与帮助，是美的。

……

我心目中的教导主任，是"直"的。两点之间，线段最短，欲成其事，绕开弯路，则事半功倍。一言以蔽之，简单而高效。抛开繁文缛节的羁绊，化繁就简，说简明扼要的话，提清晰明确的要求，办有效务实的活动。他们雷厉风行，他们未雨绸缪，他们言必信，行必果。曲径通幽，是一种美；单刀直入，更是一种气度。

又美又"直"的教导主任，依旧认真踏实，多了些亲和力，也添了些人情味。即使戴着一副黑框眼镜，我们依旧爱他们。

（南京市瑞金北村小学　杨义凤）

第二章
教导主任与教学"五认真"管理

不妨来个"说文解字"。教导主任的"主任"二字该有新解,"主任"即"主人",是教导工作的主人,责无旁贷;"主任"即"主要任务",主要任务是教导,内容明确。

大家都知道,教学"五认真"管理是教导主任的主要工作之一。问题是,在新"课改"形势下,教学"五认真"管理是新瓶老酒,是传承中创新,还是另辟蹊径?它的新旨趣在哪里?

本章将简要介绍教学"五认真"的内容、新义及其重要性,并通过教学"五认真"管理案例的呈现,力图让大家看到新意所在,在管理理念上受到一些冲击,由此感受到:原来我们可以这样做!

(图片来源:百度图片)

曾有人给教导主任写了一首打油诗,其工作的劳顿、烦琐可见一斑。

听课评课,备课检查,校本研修,课务安排……

人似旋转"小陀螺";

生数表,监考表,成绩表,月报表……

人称"表哥""表嫂",
匆忙的脚步,奔忙的心情!
忙,忙,忙,
只有擦汗的节奏,没有诗意的栖息!
不见诗和远方!

教学"五认真"简介

一、教学"五认真"的内容

教学"五认真"通常是指:
认真备课 → 认真上课 → 认真批改 → 认真辅导 → 认真检测。
它涵盖了一位老师教学工作的五个主要方面。

二、教学"五认真"的新义

认真备课——鼓励个性化备课,倡导从学的视角设计学案。
认真上课——最充分地"让学",倡导课堂对话和建构学习。
认真批改——鼓励设计选择性作业,倡导面批和评语激励式批阅。
认真辅导——要有辅导方案流程,实施伙伴式共同学习。
认真检测——把检测融在整理复习课中,随堂检测,个要考试检测。

三、教学"五认真"与教学质量的关系

毫无疑问,教学"五认真"与提升教学质量是正相关的。其关系可以描述为:

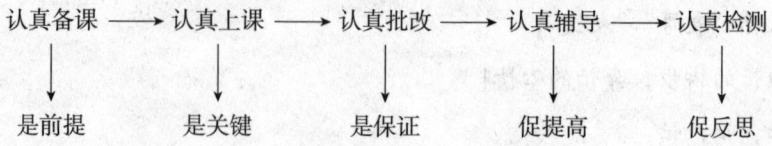

四、教学"五认真"对于教导主任的意义

教学"五认真"的管理之于教导主任,可以说是一门基础课和必修课。它就像一根杠杆,既可以撬起学校的教育教学,也可以撬起自己的专业成长。如果你不能很好地引领和管理一所学校的教学"五认真"工作,你就失去了管理工作的第一块阵地,以及自我专业提升的一个支撑点。

教学"五认真"管理案例

一、集体备课的新视角
——利用网络平台 亮化备课管理

📽 案例描述

周二下午3点,某位教导主任带着教导助理一起去检查集体备课情况,有两个景象让他非常气愤。

四年级组六位老师竟然有三位老师没有参加,说是去参加区级教研活动了。经询问此三人确实去区里参加青年教师培训班了,但组长为什么不能调整为其他时间进行集体备课呢?得到的回答让这位主任哭笑不得:因为学校规定是今天,今天要检查。原来,集体备课是为了应付学校的检查?

接下来,这位主任来到五年级办公室,他们是在集体备课吗?七位老师一位不差,看上去是在研究教材。这位主任坐下来听了听,问题出现了。他们并没有做充分的准备:没有教材的前置思考,没有遭遇问题的探寻,没有突破的方法的商榷。总之,集体备课又是一种走过场的形式。

集体备课该如何走出困境,应该是教导主任不容回避的问题!

(图片来源:百度图片)

 案例分析

笔者认为,出现上述现象的原因至少有以下几点。

①教师平时的工作比较琐碎、繁杂,没有时间,也很难自己静下心来思考和学习。

②教师所接受的各级各类校外培训、教研活动比较多,往往与校内固定的集体备课时间相冲突。

③集体备课质量比较差,走过场和形式,只是应付检查,这样形成了恶性循环,质量越差老师就越没有兴趣认真参加。

 策略与建议

要解决这些问题,笔者认为,首先,学校对集体备课的落实要有一定的刚性要求;其次,要制订出灵活机动、便于监管的集体备课方案;再次,要想方设法提高备课的质量,让大家在集体备课、相互交流中提高专业水平,让大家愿意参加。

笔者通过近年来对集体备课的管理实践,摸索出了一些有效的做法,即利用网络平台,亮化备课管理。

所谓"利用网络平台,亮化备课管理",是指改变传统集体备课中定时

间、定地点的做法，要求各教研组自行确定集体备课的时间和地点，但备课结束后要把集体备课的详细内容和活动的照片及时上传到校园网内部文件中，以便管理者和其他老师都能通过校园网直接了解该教研组集体备课的情况。

这一做法的创新之处是把教研组集体备课的成果，即备课的详细内容和活动照片，在校园网上亮化。有了这样的硬性规定，就能促使教研组老师们自觉按要求完成集体备课。这种"自觉"虽然有来自外在的压力，但客观上确实保证了集体备课的有效落实。而且，有了这种"自觉"，集体备课就没有必要再规定时间和地点，从而变得更加灵活机动了。

正如美国心理学家斯金纳的激励强化理论所说，要对行为者产生有效激励，应关注行为结果给行为者带来的刺激，也就是说，激励不能局限于行为前的刺激，更重要的是取决于行为后的结果。换句话说，激励来自行为后果的强化。某种行为出现后，如果会带来具有强化这种行为的后果，反复持续，可使行为与强化之间形成很强的相倚关系，这样，管理者就可以通过强化来调节这种行为。管理者可以调节强化物的种类、频率、强度，但归根结底，激励作用是由被管理者的自身行为产生的，从而使强化对后续行为形成有效制约，而且具有主动性。这里学校管理者要求教师有效落实集体备课，就规定了集体备课后的结果——在校园网上亮化集体备课的详细过程，这样的结果必然会给教师们带来刺激。通过进一步强化集体备课的结果，从而使教师能够主动调控自己的行为，最终达到自觉进行集体备课的目的。

利用网络平台，亮化备课管理，不仅解决了集体备课的落实问题，而且也为集体备课的管理和备课中生成的优质资源的再利用提供了便利。

1. 有利于学校的检查和评价

作为学校教学的管理者，对各个教研组开展集体备课的情况进行检查是必不可少的一项工作。在传统集体备课的形式下，检查集体备课，都是定期把各教研组的集体备课记录收上来检查。而通过校园网亮化后的备课管理，如果要检查各教研组的集体备课，管理者只需登录学校网站即可清楚地了解该组集体备课的情况了，简单、快捷！正因为检查的便捷，管理者就可以随时对集体备课的情况进行检查，发现问题可及时与相关教研组进行反馈和交流。

2. 有利于教师的学习和交流

集体备课是老师们进行思想碰撞的过程，在这个过程中，往往会迸出许多智慧的火花。这时，我们就有必要把这些智慧的火花记录下来，形成集体备课记录。集体备课记录既是为了备查，也是为了老师们的再学习。在传统集体备课形式下，集体备课记录往往只是一张纸质稿，如果老师们要实现随时再学习或是"消化"集体备课的内容，显然是比较麻烦的，而通过校园网亮化后的备课管理，要达到此目的却非常容易。只要老师们登录校园网，找到所需的备课记录即可实现再学习。

3. 有利于资料的保存和查找

通过校园网亮化备课管理，各学科集体备课的资料都保存在校园网上，既便于调取，又便于保存。另一方面，随着时代的发展，学校的管理越来越规范，也越来越精细，其中对档案管理的要求也越来越高，不仅要求定期保存学校各种资料，而且还要求建立电子档案。从这个意义上讲，利用网络平台，亮化备课管理，也是时代发展对学校管理提出的要求。

4. 有利于提高集体备课的质量

集体备课的过程性资料要上传到网上，包括每位教师在集体备课时的发言，要面向全体教师随时调阅。这一制度促使教师们在集体备课前钻研教材、阅读书籍，做好充分的准备，以提高集体备课时的发言质量。因此，这项制度，不仅促进了教师们备课前的有效准备，而且促进了备课过程中的有效互动，从而大大提高了集体备课的质量。

总之，利用网络平台，亮化备课管理，既是落实集体备课的一种管理策略，又是有效利用网络资源进行教学管理的一个举措，更是提高备课质量的有效手段。网络应该成为学校管理中不可或缺的平台。

（南京师范大学附属中学新城小学北校区　朱海泉）

二、被"拒绝"的推门课

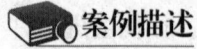案例描述

案例1

小徐是这个学期刚分配到学校的老师,为了了解她的课堂教学情况,教导处决定对小徐进行一次随堂听课。

上课预备铃响了,大家敲门进了教室。小徐一见先是一愣,然后很紧张地问:"你们……是来听课的吗?""对啊,我们想来听听你的课。"小徐一时紧张得不知所言,

(图片来源:百度图片)

我马上安慰她:"不用紧张,就当家常课,随堂听课而已。"但是小徐并没有放松,她红着脸说:"对不起,我这堂是练习课……""听练习课也可以。"接下来,小徐紧张地完成了她的教学——花了25分钟,就结束了新课教学,然后让学生完成《补充习题》。

案例2

为了公平起见,教导处决定对所有教师都进行推门听课。一天,随堂听了一位成熟型老师的课,虽然在课前5分钟打了招呼,但明显感觉这位老师不是很高兴,不过还是进行了正常的教学。课后和其他老师聊课时,这位老师坦率地说:"听课倒也没什么,但总觉得有点突然,有种不被信任的感觉。像我们这些人,不管你听不听课,都会认认真真地上好每一节课的。"最后还开玩笑地说:"我们老师们能不能推门听行政领导们的课呢?"

 **案例分析**

学校教学管理中有个专门术语叫"随堂听课"或"推门听课",它是指学校领导在不打任何招呼的情况下,直接走进教师的课堂,了解教师教学工作状况的行为。随堂听课的最大特点是它的随机性,可以即时获得教师教学的真实情况,进而督促教师规范平时的执教行为,促使教师对每一节课都能精心准备,认真上课,锻炼教学基本功,从而增强课堂教学的有效性,全面提高教学质量。

虽然推门课的好处多多,但是在教学管理中,它的弊端也是显而易见的。

首先,由于随堂听课的形式是事先不通知,教师没有心理准备,有种不被尊重和信任的感觉,教师会很反感,容易产生抵触情绪,案例2中的教师就是这种心理。

其次,听课者与教师是领导与被领导、监督与被监督的关系,所以,教师往往认为它关系到自己的利益(听课者会对这节课评出等级,等级在考核以及职称评定等各类评比中是有用的),因此,它会对教师构成一种威胁,教师会害怕被一次"定了终身"。另外,管理者自身的课堂是否和老师们一样开放、公平,也是老师们关注的问题。

再次,有些领导往往把随堂听课作为处罚教师或给后进教师施压的手段,而不是立足于帮助教师切实提高教育教学水平。在评课中,他们会下意识地把"标准"等同于公开课的要求,听后批评多、表扬少,教师感觉心理压力较大。

策略与建议

随堂听课作为教学常规管理的一种重要手段,其作用不言而喻,但是如何让所有教师都乐于接受呢?

1. 换位思考,调查摸底

如何站在教师的立场想问题,这很重要。我们要站在教师的立场想问题,真正做到以人为本。要调查摸底,可以制订如下表格进行调查。

调查一：你对随堂听课方式感觉如何？（打"√"）
喜欢（ ） 不喜欢但不反感（ ） 反感（ ） 无所谓（ ）

调查二：你对随堂听课制度的实施有何要求？
继续随堂听课（ ） 改为预约听课（ ） 取消随堂听课（ ） 无所谓（ ）

调查三：你主观上是如何接受随堂听课的？
主动要求随堂听课（ ） 被动接受随堂听课（ ） 说不清楚（ ）

通过数据汇总，就能大致了解老师们整体的想法和倾向，这可以为我们的决策提供参考。

2. 改变交流方式

随堂听课的目的在于发现有效的教学手段，推广优秀教师的先进经验，整改低效的教学流程，帮助教师实现专业发展，而不是给教师挑"刺"，作为处罚教师或给后进教师施压的手段。所以，听课后和老师的坦诚交流更重要，如果改变听后批评多、表扬少的习惯，给教师更多的鼓励，帮助教师诊断教学状况，提高教学质量，那么相信大部分教师会接受甚至喜欢随堂听课。

3. 改变评价标准

要调整随堂听课的评价目标。与公开课不同，它更应注重教师对课堂基本要求的把握，使教师真实展现自己的日常教学，避免主观臆断。教学部门可以制定与公开课不同的随堂课的标准，可以是达标标准，也就是说，只要基本做到，就应视为达标。至于给教师的等级评价，可以结合各种课型加以综合，避免一课定等级的现象。

4. 多种方式并行

要适当改变推门课一统天下的现状，保证多种方式并行。

相互听课 教师相互随堂听课，既锻炼了心理素质，又能相互取长补短。可以是师徒互听课，尽量让同年级骨干教师带青年教师，当然，也可以是年级组的教师相互听课。

指名听课 可以定期开展集中听评课活动，指名上课，提高上课教师的专业素养。这里主要是指公开课，每学期，在开学初制订计划，根据要求听课。

指导听课 对年轻教师进行随堂听课，提出改进的方案并督促落实。

5. 以人为本，区别对待

由于每位教师的业务情况不一样，随堂听课也要有所变化，力求做到有的放矢，区别对待。

新分配教师 对新分配两年内的教师取消随堂听课制度，采取教师相邀和行政预约两种方法听课。教师相邀听课，制订要求，每月相邀汇报一次；行政预约听课，俗称青年教师月汇报课。

一般教师 继续采用随堂听课方式，了解其常态教学情况；对于教学能力及态度有问题的教师，还要增加随堂跟踪课的次数，施加压力，促进其态度和教学行为的改变。

骨干教师 对于工作积极、业务能力出色的骨干教师，不再实行随堂听课，相约进行骨干教师展示汇报课。

（南京市天正小学　王军）

三、作业"学习"，新的尝试

案例描述

今天是学校检查作业的日子，教导处通知各学科老师将作业送至报告厅，邀请教研组长、骨干教师一同参与检查。

一进报告厅，老师们反应各异：

"哇！这么多作业！"

"要看到什么时候啊？"

"看来今天又得加班了。"

有些组长皱起眉头，无奈地交流着。

是啊，我校是一所新合并的学校，由两个校区组成，共57个教学班。上交作业的种类有语文（习字册、补充习题、练习与测试、作文本）、数学（书、补充习题、练习与测试）、英语（抄写本、补充习题、练习与测试）、科学（填图册）、美术（习画本）、品德（书、填图册)，合计有520多个班的作业本。由于是合并后的第一次作业检查，教导处也想对各班、各学科的作业完成情况摸个底，因此便开始了一项"浩大的工程"……

大家忙碌的程度可想而知，从夕阳西斜直到夜幕降临，马不停蹄地翻阅这本，查看那本，填写检查反馈表。由于赶时间，检查的品质确实不尽如人意。在检查反馈表上，也都是一些泛泛之词，比如，学生书写认真，教师批改及时，订正格式统一等，个性化不足。这并不是我们想看到的，不是检查的初衷。

案例分析

作业是学生通过独立思考，运用知识解决问题，以提高学习能力的一种形式。同时，它也给教师提供了教学反馈信息，教师可以通过批改、讲评作业，有针对性地辅导学生，更有效地帮助学生掌握知识、提高技能。

作业检查是教导处每学期必做的教学常规工作，也是对教师教学质量的一种反馈。但教导处检查作业的真正目的是什么呢？无疑就是加强对教学基本秩序的监管，提高教师的教育教学质量意识，对前一段时期的教学工作有所了解，同时发现好的做法及时推广，发现问题及时纠正。

然而，每到检查作业这一天，我们看到的就是学校报告厅堆积如山的各科作业，老师们不可能逐一细看，只能大概抽几本翻阅一下，反馈意见中难免以偏概全，不够客观。而由1—2位老师分工查看同一年级学生作业，也存在标准不一的现象。由于是两个校区老师第一次合作，同事之间碍于面子，只说赞扬的话，存在的问题也就掩而不说了。甚至有的老师为了应付检查,保证作业本的正确率与整洁度,便统一讲解,某些主观题全班答案相同,留给学生独立思考、自由表达的空间越来越少。这让我们的作业检查变成了"鸡肋",失去了意义。

 策略与建议

作业检查作为教学常规管理的一种重要手段,其作用不言而喻,但是如何真正让教师摆正心态,正确面对,乐于接受呢?我们做了第二次尝试。

1. 调整心态,改"查"为"学"

一字之间,存在多种改变:①化被动为主动,老师不再是被动地接受检查,而是主动地向别人学习,让别人向他学习。让大家明白,老师之间是平等的,作业学习就是一次很好的展示、交流机会。②在以往的"查"中,我们更多的是发现不足,督促其及时改进;如今的"学",更多的则是从不同校区的作业本中,从不同层次的老师身上,得到最宝贵的经验、最有效的指导。这样既促进了两个校区教师的快速融合,也切实帮助大家提高了学生的作业质量和教育教学水平。

2. 寻找亮点,挑"新"夸"好"

作业学习,重点不再是给老师们挑错,而是用一双发现的眼睛去寻找老师作业设计、批改、要求中的"亮点",去夸夸他们的"好"。在学习过程中,我们时常看到老师举起手机进行抓拍,把其他老师设计及批改作业中的新举措、好方法留给自己,也分享给本组负责汇总的老师,由他统一整理,制作PPT,集体交流汇报。这样就将每位教师的优点最大化,给全体老师一次直观的展现机会。"哦,原来作业可以这样做!""提笔即练字,学生书写需要每位老师的关注与坚持。""有了这些小奖章,孩子们写起作业来会更起劲的。"

3. 全员参与,齐"学"并"进"

每位老师都参与到学习之中,由教导处指定检查本年级的两个班级,一个崇实班,一个文昌班,通过学习比较,各取所长。我们高兴地看到,有很多老师在认真学习的基础上,翻阅了更多班级的作业,有特级教师的,有市区骨干教师的,也有优秀青年教师的。大家都在自觉地寻找差距,追赶优秀。"你们班学生的字怎么写得这么好啊,有什么妙招?""你是怎么指导《练习与测试》中的拓展阅读的?""除了大作文,平时你们的小练笔都写些什么?"像这样交流的声音不绝于耳,老师们边翻阅边交流,边学习边改进,难道这不正是我们所追求的吗?

4. 分科学习,由"多"变"少"

基于班级较多又分布在两个校区的校情,我们进行了分学科、分作业种类的错时学习,保证每学期各学科的所有作业都滚动学习一遍。同时,我们的作业学习还各有侧重。以语文学科为例:一年级作为起始年级,我们就重点学习《习字册》,了解孩子们对拼音字母、汉字的书写是否描红到位,临写是否规范、美观;二年级具有初步的综合学习能力,因而重点学习《补充习题》;三年级钢笔字刚刚开始,习作也才起步,因此就多关注《习字册》和作文本……

减少是为了增加,在教学管理中,这不也同样适用吗?

（南京市五老村小学　王玲）

四、辅导要从"心"开始

案例描述

王老师是一位数学老师,虽年近四十,但工作热情很高,干劲十足,极其负责。她所带班级的学生成绩一直很好,最神奇的是,她的班好像从来就没有"学困生"。据说,在她的办公桌上,你常常可以看到一张"小便签",便签上是见缝插针的"零碎"辅导时间安排,详细到何人、何时、何地,让人叹为观止!

可就是这样一位传说中的"辅差达人",最近遇到了烦心的事情。她接手三（6）班已有一个学期的时间了,在期末考试中,王老师本以为班里那七个学困生的成绩会一路飙歌，一鸣惊人，可事实把王老师打入了冰宫，那"七个宝宝"并没有显现"七个葫芦娃"的神威，成绩竟然还是原地踏步，丝毫不见起色。这让王老师惊诧不已！

"怎么回事？我还是一如既往地在抓，一招不让地在补啊，怎么会没有效果呢？"王老师百思不得其解，她甚至把最近一段时间的"补差"场景在脑海里一次次重现，"我补得挺认真啊，没什么疏忽和松懈的啊？每次都有针对性的例子讲解，都有强化的练习设计啊？奇怪，奇怪，奇怪！"

案例分析

萦绕在"奇怪"的自问声中，王老师纠结了一个晚上。第二天一早，她想提前去学校，就比平时早半个小时叫儿子起床，随她一起上学，可儿子就是缩在被窝里，拖也不出来……儿子哭着说："我不想起来，你拖我是没用的。"这一幕把王老师震住了，是的，他不想，你强"拖"是没有用的。王老师顿时如醍醐灌顶，意识到症结可能就在"心"上。

到校后，王老师请班主任陈老师将七个孩子悄悄集中在一起，问了问他们的补课感受。孩子们觉得：王老师逼得太紧了，课间都补，没有心思听讲；王老师只管补知识，很少与大家谈其他的，少了点乐趣；王老师速度快，越补越觉得自己差，没有信心……

真的是这样，原来症结在"心"。王老师突然觉得，自己快20年的辅导、"辅差"，原来都是在干体力活，缺少了智慧的成分。原来自己也需要"补差"！

策略与建议

此后，王老师调整了"辅差"策略，通过又一个学期的实施，取得了非常显著的效果。她的一些经验值得我们借鉴。

1. 爱在前头，从心开始

①我们的眼里不能有"差生"的标签。花朵总是会开放的，也许只是这

一朵绽放得慢了一点。

②我们不要急着补知识,要从孩子的"心"开始。多询问一下,多与孩子一起分析原因,一起找到不足之处,弄明白需要补什么,甚至怎么补。这一环节不能少,它恰似"心灵鸡汤"。如果直接进入,一开始就补知识是生硬的,需要先做心灵的抚慰,让孩子在心理上有一个尽可能大的接受度。如此一来,就会增强师生之间的亲和度,"辅差"也不会是一厢情愿的事情了。

③即便是"辅差"的内容设计,也不要像"小药方"那样对症下药,以冰冷的面孔出现,要把题目出得有点乐趣,贴近孩子的喜好。

2. 习惯至重,慢慢引导

"辅差"其实也是辅习惯,不少孩子的"差",不是学习力的问题,完全是习惯使然。俗话说,"习惯成自然"。巴金先生说过:"孩子的成功教育从好习惯培养开始。"作业拖拉、课堂听讲不专注、思考问题太浮躁等,这些不好的习惯都要列入我们"辅差"的清单,把它们放在较长的时段内,慢慢引导,不要急功近利。

3. 培养自信,增强学力

回到具体的"补差"内容上,我们要注意坡度,注意递进,让学生在"辅差"的过程中培养自信,进而找到在课堂上丢失的自己。有自信,孩子才会有兴趣,有兴趣,才会吸引他,也才会有继续前行的动力。

4. 注意差异,个别辅导

"辅差"其实是一门艺术,关键在于差别化和个性化。差别化的孩子,需要个性化的辅导策略。正如世上没有两片相同的树叶,从来就没有两个一样的孩子,我们需要寻找最适合的方式、最温暖的路径,走向孩子,走进他们的心灵,为他们点燃自信之火,点亮心灯。

"辅差"、辅导绝不是病了需要药方,它需要的是一碗冒着热气的暖暖的心灵鸡汤。

(南京市银城小学 陈德中)

五、均量值：一种质量评价的科学工具

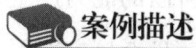
案例描述

案例 1

学期将要结束，一位老师怒气冲冲地走进教导处，大声说："下学期再也不带这个班了！你看看，像话吗？五六个不及格！这样的班级谁敢带？反正我是不带了，谁爱带谁带！"仔细询问之下，原来这个班的平均分竟然比最好的平行班差了6分多。这位老师对工作一贯认真负责，对自己的要求很高，因此把班级成绩看得非常重要，接班后，她对这个班级的孩子花了很大的力气，可还是没有达到她的目标。事实上，这个班级孩子们的成绩已经比上学期进步了，但在班级均分上还是没有比过其他班级，所以，这位老师认为她的时间和精力白费了，从情感上实在不能接受。

案例 2

学校绩效考核纳入了学生考试成绩推进率这一项。学校的用意是督促老师们"提优补差"，关注成绩不理想的学生，不放弃这样的学生。学校的用意当然是好的，可是在实际工作中却出现了不少问题。一些成绩好的班级的推进率难以提升，经常听到成绩好的班级的任课老师抱怨："以后考试一定要先考差一点，否则就没有推进率了。"而一些成绩相对差的班级的任课老师则抱怨："这样的班级要付出多大的代价才能有一点点推进率呀，这个月有了一点推进率，下个月又怎么可能还有推进率呢？"

 **案例分析**

　　以上两个案例,让我们体会到考核的重要性:一个认真负责的老师会因为不恰当的考核方案受到打击,对自己的努力心生委屈,对自己的能力产生怀疑,这种委屈和怀疑一旦扩大化,结果是可怕的;同样,一旦考核方案不能激发大家的教学热情,反而会使老师们产生"反正我也完成不了,那就这样破罐子破摔"的想法,这与考核方案的初衷是背道而驰的。

　　一线老师们需要什么样的考核方案?这是值得我们思考、重视的一个问题。考核方案是为了提升教学质量,提升教师的专业水平,激发老师们的教学热情,这是考核方案存在的理由。

 **策略与建议**

　　我们的考核方案应当考虑到学生之间、班级之间是存在差异性的。那么,如何使考核方案再添上一抹客观的色彩呢?建议增加"均量值"这个评价方式。

1. 何谓均量值

　　均量值是在一定范围内,以某次质量测试成绩的全部数据为统计对象,按照一定的比例,将其划分为5个不同的等级,再赋予其不同权重,然后根据特定的公式计算出一个分值。这个分值就是均量值。

　　具体计算公式如下:

　　均量值 = [A级人数 × 6 + B级人数 × 4 + C级人数 × 3 + D级人数 × 1 + E级人数 × (−1)] ÷ 总人数

　　A、B、C、D、E 五个等级的比例可设为 15%、25%、30%、25%、5%。假设被检测人数为200人,那么五档人数就分别是30人、50人、60人、50人和10人,然后依据这个人数来划定各档最低分数线。实际操作时,此比例可根据需要进行调整。

　　一般情况下,均量值在3左右。在全校范围内,就某一班级而言,大于

3为好，小于3为差。

如果一个班级的均量值小于3，且距离3较大，就应当引起学校管理者的注意，寻找问题以及解决方法；而如果等于或大于3，学校管理者就应当大力表扬这样的老师。

2. 均量值评价优势

（1）**有利于更公平地衡量教师教学绩效**。我们习惯采用的教学质量监控和评价的技术手段主要是统计平均分、分数段、最高分、最低分和标准差五个指标，可以根据这五项指标来分析教学得失，评价教学质量，改进教学措施，奖惩先进和落后。如果某班存在一名成绩特别差的学生，那么该班的平均分就会受到很大影响，他一人落下的分数很可能需要很多个优良生分数来补齐。并且，对于平均分原本就比较高的班级来说，使平均分再上升几分是比较困难的。而对于平均分原本就不高的班级来说，使平均分提高至与前者相同的分数则相对容易些。显然，在这两种情况下，以平均分来衡量教师教学绩效的标准，会导致教师产生不公平的感觉。

（2）**有利于更科学地计算推进率**。比较有效地测量出一个班级由不同教师教学成绩发生变化的情况，也就是推进率的问题，是教学管理上一直要解决而又比较困难的问题。以不同阶段考试的均分来考查两个班教师的教学推进情况，往往会出现有失公平、挫伤教师积极性的现象。因为同样都是均分90，但一个班是由85分升上去的，另一个班却是由92分降下来的。利用均量值来计算教师教学的推进率就可以避免这一问题。具体做法是：

$$推进率 = (本学期均量值的平均值 - 上学期均量值的平均值) \div 上学期均量值的平均值 \times 100\%$$

一般情况下，推进率数值越大越好。推进率为0，表明班级教学维持原有水平；推进率大于0，表明班级教学水平呈上升趋势；推进率小于0（为负数），表明班级教学水平呈下降趋势。

实践证明，推进率的计算值与教师教学的实际情况非常吻合，而且反应灵敏，数值大小比较适中，广大教师乐于接受。

考核方案是激发还是挫伤老师们的积极性，需要客观、公正地考量。这时，均量值可以助一臂之力。

（南京市秦淮实验小学　司美玲
南京市六合区冶山中心小学　张学思）

六、点诵："学业测评"的有效尝试

案例描述

高分背后的隐忧，口试测评的尴尬

《12岁以前的语文》是我校的校本教材，教材内容包括三大基石——国学经典、诗词经典、儿童文学经典。

为了落实校本教材的教学，学校决定对《12岁以前的语文》的学习情况进行学生学业测评。我们在期末试卷中专门开辟了一个栏目——《12岁以前的语文》检测，分值10分。在要求背诵的诗词中随机抽取10首出题，通过连线的方式，让学生连接同一首诗中的诗句，以及相应的诗人和朝代。检测后进行统计，学生的得分率在95%左右。这种高分给了我们一份惊喜，我们觉得我校《12岁以前的语文》校本教材的教学推进取得了初步的成效。

但一次与学生的无意谈话让我颇为吃惊。孩子们说，有些诗词他们并没背诵，是通过比较句子字数，发现诗句内容的相关性，之后猜测着连线的，而且这样猜着连的正确率还是比较高的。于是，我马上又抽取一个班进行测试。这次检测加入了口试内容，把规定背诵内容做成标签，每个学生上台随机抽取一张，当众背诵，根据背诵情况评定分数。测后统计，发现学生得分率仅在70%左右，有些学生明显背诵不熟，有些学生甚至需要重新抽取才能背诵。

这让我们教导处有些尴尬，我们不由得思考这样一个问题：该怎样有效地进行校本课程的学业测评呢？

 **案例分析**

  不少学校都有自己的校本课程，校本课程的实施也越来越规范化。然而，我们不能不注意到一个现实，那就是校本课程的评价仍是缺失或者说是不完整的。没有评价的课程其实不能称之为课程。上述案例就是一个有关校本课程评价的案例。在此案例中，师生漠视，辛勤付出却无法享受成就的愉悦感是校本课程不受重视的主要原因。

  ①《12岁以前的语文》并没有成为教师教学、学生学习的主流，有些教师和学生只是把校本教材的学习当成国标版教材教学的一个附属，教师不重视，学生不看重。

  ②《12岁以前的语文》的学习检测，没能真正触动教师、学生的灵魂，未能在其心中激起波澜。学生的学习需要兴趣的引导，教学测评也需要激发学生的兴趣。测评的方式比较单一，无法激发学生参与测评的动力。

  ③客观上，《12岁以前的语文》的学习内容有一定难度，孩子们需要付出努力才能学好。测评未能真正让孩子体验到辛勤付出后的成就感，除了面对一个冰冷的分数，他们没有感受到老师的鼓励、同伴的认可、父母的承认、社会的关注。他们缺乏学习诵读国学经典的真正的、持续的内驱力。

 **策略与建议**

1. 分级点背，让测评成为一种挑战

针对测评中出现的问题，我们利用孩子们有强烈的好奇心、喜欢表现自我、喜欢争强好胜、喜欢赞誉和鼓励等特点，研究后决定采用点背和展示的方式对班级和学生进行测评。

所谓点背，就是把需要背诵的所有篇目展示在屏幕上，点到谁，点到哪一首，他就要当众背诵哪一首。

点背分为班级点背、年级点背、学校点背。班级点背一般是学校抽测，教导处随时进入随机抽取的某个班级，根据校本教材的教学进度把所有篇目打在 PPT 上，检测老师现场确定篇名后由学生背诵。背诵可以是齐诵，也可以是小组背诵，还可以根据班级名单点名背诵。检测人员根据学生点背情况确定点背等级。年级点背一般在期中进行，学校随机抽检两个年级在集体晨会上进行点背展示，这既是一种引领，也是一种考验。被测年级按照班级顺序列队于操场国旗台下，电子大屏一屏屏展示需要背诵的篇目。第一轮班级齐诵，每展示一屏，点背两首，一班给二班点，二班给三班点，以此类推。第二轮，个人点诵。六个语文老师分别手持另一年级对应班级全体学生名单，随机抽 8—10 名学生出列，被抽测学生一字排开，根据屏幕显示篇目，随机确定，学生依次背诵。未抽测到的班级语文老师作为评委，给班级点诵、个人点诵分别进行评分。期末是校级点诵，全校学生以年级为单位作为方阵列队。点诵方式分为年级齐诵、班级点诵、个人点诵。全校中层领导及部分综合学科教师代表作为评委，分别给各班进行评分。

2. 对外展示，为诵读加注不竭动力

每个人都希望展现自我风采，均希望得到别人的鼓励和赞扬，孩子们更是如此。除了定期的点诵检测以外，我们还根据学校接待任务多的特点，合理安排班级点诵展示，给孩子们创设舞台，让他们自信地展示自己，用参观、考察的老师们的掌声、赞叹、鼓励树立他们的信心，从而为以后的诵读学习注入不竭动力。每次展示，我们都邀请热心的参观老师代表作为评委，发给他们评分表格，让他们根据孩子们的表现给予班级合理的评价。

3. 点诵走进了孩子的心灵深处

虽然点诵检测对孩子们的测评没有试卷考试那么精细，没有过多的量化标准，甚至有些粗放，但是，这种粗放的测评方式符合孩子们的年龄特点，给了他们展示自我的舞台，给了他们一次次获得成功喜悦的机会。孩子们喜欢点诵，甚至期待着期中、期末的操场大点诵。"朗朗书声，朗朗乾坤"，北小操场上孩子们充满激情的点诵声成为他们学习《12岁以前的语文》的巨大助力。

点诵，已经成为北小一种特殊的、有效的、孩子们非常喜欢的、媒体乐于报道的独特经典诵读测评方式。

（南京市北京东路小学　朱志林）

他山之石：美国"形散而神不散"的教育管理

以上几个案例是真实的学校管理情景中发生的故事，传统的教学"五认真"管理工作被赋予了现代管理的意义。上述案例具有一定的普适意义。与此同时，我们在想，其他国家有教学"五认真"之说吗？他们对教学"五认真"的管理与我们有什么不一样的地方？

一、美国的教育管理现象

现象1

美国的小学很少组织听课、评课活动，一般也不对上课教师评头论足，教师之间却经常主动地相互沟通，交流教学方法。

现象 2

美国有些小学有校长走课的管理习惯。走课前,校长要收集资料,设计关注问题,与某班级老师预约;走课后要形成一份一般性的报告,向老师反馈,与老师分享。

(图片来源:百度图片)

二、美国的教育管理启示

教学质量是学校的生命线。对课堂教学的高度关注十分必要,对课堂教学的有效监控也可以理解。但我们常见的听课、评课是不是最好、最有效的课堂监控方式呢?我们习惯了的突袭式推门听课、领导主导评课的模式真的让教师信服,并引发了教师行为的积极改变吗?这值得我们深思。

事实上,像美国老师那样课前课后的随机交流,呈现的是最真实的经历和最真实的理解和感受,比起我们评课时多是恭维之词或有失偏颇之谈要好得多。另外,校长预约式的走课也有好处:它是预约的,老师会提前准备,把它当作一个展示自己的机会,不会"抓瞎",同时,校长也能听到一节有意思的课,两全其美。此外,校长走课不完全局限于听课,他的视野放在班级管理、学生发展等诸多方面,能为老师提供一份较为全面的调研小报告,这显然是对老师直接而具体的帮助,最终是对学生发展的帮助,其价值远比我们单纯的听课、评课大得多。

总之,"形散而神不散"的美国小学教育管理,最大限度地解放教师、帮助教师,与教师结成一个伙伴式的共同体关系。这就是美国的学校管理带给我们的一些启示。

(南京市银城小学 陈德中)

第三章

教导主任与课务管理

本章首先以流程图的方式呈现，简明扼要地提炼出课务管理的内容、要义以及课务管理的意义；接着根据课务管理的"排课""调课""代课""巡课"等方面，选择了六个典型案例，在问题剖析的基础上，提出了一些管理的策略与建议。

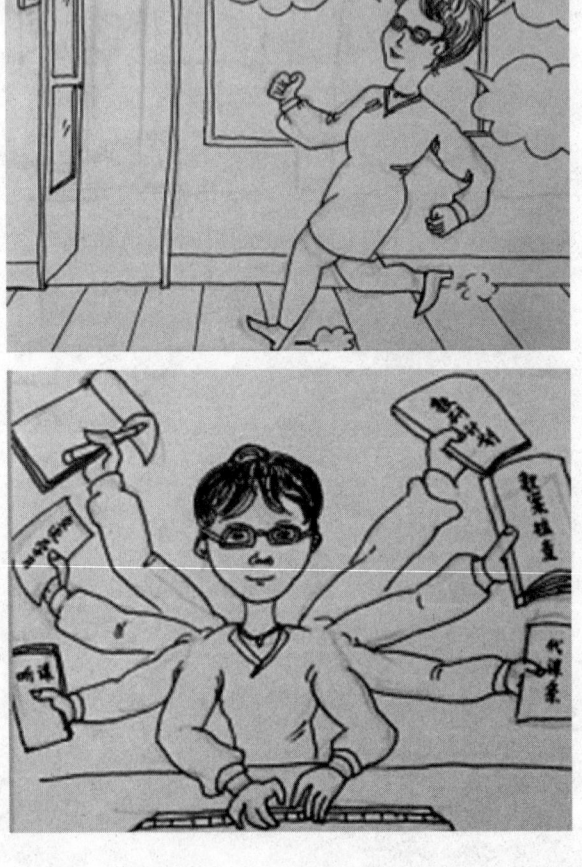

排课、巡课……

课课排得要科学；

调课、代课……

堂堂必须有教师上；

事件、事情、事务……

课务管理，怎一个忙字了得……

课务管理简介

一、课务管理的内容

课务管理的主要内容有:
① "排三表": 教学安排表→教师任务安排表→作息时间表。
② "调课、代课": 教师请假→调课→安排老师代课。
③ 日常巡课。
④ 考务安排。

二、课务管理的意义

排课务,是教导处最常见的一项工作。课务的安排,体现在排课表中。如何确保排课的科学性和可行性,是每个教导主任必须要掌握的一项基本管理技术。排课表既要保证专用教室分配的合理性,又要保证学生主要课程和小课程安排的合理性,还要兼顾一些老师的工作任务。因此,排课是一项科学性非常强的工作。课务排得好,既有利于学生的学习,又有利于教师的教学,其意义非常重大。

在日常管理中,对于教师的调课、代课要进行协调和安排,这也是教导主任非常重要的管理任务之一。教师请假、调课是无法避免的,因此,教导处要做好统筹和协调工作,如何既从制度层面考虑又从人性化管理考虑,进行科学的调课和代课,既确保每个班级、每堂课都有老师上,又能解决教师生活中的一些困难,是有一定的管理艺术的。

课堂巡课,是确保课程计划落实的有效管理手段。一些占课现象、拖堂现象、留生现象、空堂现象等，只有通过不断巡课，才能及时发现并处理问题，才能保证教学计划的顺利实施，从而确保教学质量的提升。

考试时的考务和阅卷安排，也需要教导主任统筹协调和科学安排，有时需要具备一定的应急智慧。

课务管理案例

如何排课才公平，如何排课才科学？对于排课中碰到的一些棘手问题，该采用什么样的方法和手段才能解决好？调课和代课中出现了一些问题，又如何解决？下面，我们通过几个案例来进行探讨。

一、听到这样的课务安排，她哭了

案例描述

8月10日是学校教师返校日。这天，教师要与学校签订一份工作协议，也就是了解自己下学期的岗位和职责要求。一个多月没见，签约的会议室很是热闹，大家有的在交流暑假旅游心得，有的在对接下来的工作进行交接，有的在闲话子女的暑假培训班学习情况。

这时，小薇进来了，她慢慢走到我身边，小心翼翼地问："主任，下学期我教几年级啊？"这是个刚带完毕业班的年轻老师，刚刚结婚，一切都是欣欣然。我把协议递给她，"你要继续站岗了。学校六年级安排不过来，你再辛苦一年吧。"话音未落，就听"嘭"的一声，她竟然把墨镜摔在了桌上，"我没空带这个六年级，谁有空谁带去，这个协议我不签。"我怔住了，从来没有一个老师在签协议的时候，有如此强烈的反应。接着让我更惊讶的事情发生了，她拉出凳子坐下来，开始号啕大哭。天啊！这可怎么办？我从未想过一份工作的安排，竟然让她如此难过。我的脑中快速思考，她为什么会这样？路途远？带哪个年级都远啊。怀孕了？看样子不像啊？再说了，怀孕后教六年级的，她也不是第一例了。我一时间不知道怎么办，只好拍了拍老主任的肩膀，请她来处理。

老主任见状，先把她带到另外一个办公室，倒了杯水，和她谈了起来。"姑娘，怎么了？是不是有什么我们没考虑到的，让你觉得受委屈了？"老主任暖心地问。小薇姑娘听后，哭得更凶了，哭了好一会儿才平复下来，抽泣着说出了原委。原来，小薇的婆婆暑假刚刚被查出患了重病，作为儿媳妇的她自然承担起了照顾的责任，每天家和医院两边跑，买菜、做饭、料理家务、陪夜，因此她最近生活压力很大，情绪自然也不稳定。当突然知道今年还要带六年级时，压力瞬间爆发，情绪崩溃。老主任了解了情况后，立刻向校长室反映，校长室当机立断，对工作分配进行了调整。

案例分析

课务安排是一项重要的教学管理工作。课务安排的科学性和合理性，直接关系到教学秩序的稳定性、单位人际关系的和谐性、全校师生教学双边活动的高效性。

此案例中的小薇其家庭出现了变故，因此，在接受毕业班的任务时，出现了抵触情绪。反思一下，她为什么会这样？一方面是她本身连续教两届毕业班，而且领导事先并没有征求她的意见，另一方面是家庭的原因，因此，对于她闹情绪，可以理解。那么，我们在排课的时候，对于像"一年级""毕业班""班主任"这些工作任务比较重的岗位，是否需要事先了解一下教师的家庭状况和本人的意愿，再做出决策呢？所以，防患于未然，才是决策的最高境界。

在这则案例中，出现问题后，教导主任的处理措施比较好，一方面让老主任安慰小薇老师，并及时了解情况，另一方面，及时上报校长室，因为要改变已经决定好的事情，必须经过领导班子的同意。及时、妥善的处理，使问题得以解决。

策略与建议

1. 课务安排要从全局考虑，统筹兼顾，宏观调控

首先制定相关的教职工课务安排规章细则，在进行课务安排的过程中严格按照规范行事。同时，在课务安排中要全面了解每一位老师的现状，以便统筹兼顾，宏观调控。比如，对于起始班级一年级、毕业班级六年级以及任务重的班主任工作等的安排，要考虑每位老师的家庭情况，安排年富力强的老师或相对来说家庭负担比较轻的老师来承担。若教师的困难和学校的安排有冲突，而教师可以克服困难，则要和教师进行充分的交流，尊重教师，取得教师的理解和配合。

2. 课务安排要遵循规律，优化资源，用活资源

课务安排的整个过程中蕴藏着教育学与心理学知识，同时又包含理论联系实际等哲学原理。比如，对于如何排课表，就应该遵循如下原则。

①一般来说，语、数、英学科的课要尽可能排在每天的前两节课。②同一学科的课要均匀分到一周中。③同一位老师的课要相对均匀地分到一周的每一天。④除了科学课、一天的语文课（作文课）外，同年级、同学科的课最好不要连排。⑤功能室要错开使用，并且要用足。⑥任教多门学科的老师的课先排。⑦专职老师的课先排。⑧兼顾一些特殊的问题（学校固定时间的集体教研或校本教研，一些老师有固定时间的培训等）。⑨在可能的情况下，同时任教不同年级的老师，同一天中尽量减少跨头次数，减少准备课的工作量。⑩任教两个班级数学课的老师比较多，要考虑一周中两班第一、二节课的次数基本相等。

这样安排就避免了教师在课与课之间疲于奔走的状况，确保了教学资源的有效利用。

同时，在此过程中，要利用好教师资源，兼顾教师的身体状况、家庭状况等因素，让有特殊状况的教师不要集中在同一个组别中；充分发挥教师的潜能及教学特长，排兵布阵，用好、用活每位教师。

3. 课务安排要以公平为前提，满足需求，换位思考

课务安排要公平公正，让每位教师的工作量相当。同时要在不影响教学的基础上，充分满足不同教师的不同要求。那么如何做到既公平公正，又能满足要求呢？

首先，要在课务安排之前做好相关教师情况的调查工作。在假期前，发放一张课务安排调查表，了解教师们的特殊情况和特殊需要。接着，在初排好课务的情况下，要和特殊岗位的老师进行沟通，比如，继续带六年级的教师、带比较特殊班级的教师、需要分校区跑班上课的教师。如此一来，教师在知道自己的岗位和职责前，可以有个心理准备，如果发现有特殊原因的，可以在签协议之前进行调整，而不至于出现上述案例中的尴尬情况。

其次，要学会换位思考。换位思考是人对人的一种心理体验过程，将心比心，设身处地，是达成理解不可缺少的心理机制。它客观上要求我们将自己的内心世界（如情感体验、思维方式等）与对方联系起来，站在对方的立场上体验和思考问题，从而与对方在情感上相互沟通，为增进理解奠定基础。它既是一种理解，也是一种关爱。

（南京晓庄学院附属小学　晋欢）

二、由两位老师临时休长病假引发的

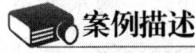案例描述

W老师临近退休，去年又不慎跌断了腿，虽然这学期正常上班了，但她提出了希望学校照顾的要求——不管主科、副科，一周课时量不能超过11节（她还兼管学校图书馆）。学校找她谈了几次，她拒不改口。考虑到她的特殊

情况，学校只得答应了她的要求。但由于学校有在家休产假的老师，便向 W 老师提出先带一个月的语文加阅读课，等休完产假的老师来了，再进行调整。

然而，就在 9 月份短短一个月的时间，学校又有两位老师休长病假和产假，人员严重不足，很多老师都需要代课。等那位休完产假的老师上班之后，顶上了某老师的语文课兼班主任。可是，W 老师仍然坚持一周课时量为 11 节，这就意味着因为其他老师休病、产假带来的课时无法正常消化，只能请一些老师继续代课或者加课。

负责排课的教导处 A 主任与分管副校长的分歧由此而产生。A 主任觉得剩下的课时可以请某老师克服困难增加课时量，或者仍然分给部分老师算代课（增加课时量和代课都是要付给老师费用的）。但副校长坚决不同意，认为这样做会导致学校教学情况不稳定，可将这些课时加给某个周课时为 8 节的部门 B 主任，不算代课而算正常工作量。于是，两人争吵起来："凭什么加给 B 主任？还不算代课，老师要照顾，部门主任就活该倒霉吗？""主任作为学校的中层领导，学校有困难就应该无条件顶上！""那好，您是校级领导，是不是更应该奉献？"（副校长一周只有 3 节课）副校长一下子涨红了脸——"中层如果消化不了，我们校长室也要上！"最终的结果是，剩下的课时分摊给了若干个中层领导和副校长，每人加 1 节课。

案例分析

问题看似解决了，课务也排下去了。但是，这件事情并没有到此结束。负责排课的 A 主任依然一脸的愤懑："课时排不下去，是她怕得罪人（指副校长惧怕某老师的'凶悍'），还指望中层奉献！我作为排课主任，一碗水端不平，老师怎么看我？以后的工作我怎么做下去？"副校长也是脸色沉沉，估计是自己受到了质疑，又被将了一军，憋了一肚子气。

看样子，这个事情在两个人的心里都扎了根针，以后再遇到类似的情况，难道又得吵架扯皮吗？

仔细分析一下，存在的问题主要包括以下三方面。

第一，课务安排制度层面出了问题。对于多少课时是满工作量，学校一定要有刚性的规定，W老师兼任图书管理工作，对于这样的工作折合多少课时，都要有标准。工作量是和教师的绩效挂钩的，因此，这项制度的缺失，必然引起管理的混乱。

第二，中层干部和校长的工作量问题。一般情况下，中层干部的管理工作量占课务总量的一半，也就是说，如果教师的满工作量是14节课，那么中层干部必须要上满7节课，这样才算是满工作量。另外，代课当然算是增加工作量。

第三，在排课问题上，教导主任如何与分管校长协调的问题。当教导主任的意见和分管校长不一致时，就应该认真分析，沟通交流，不应该以争吵的方式来解决。

 **策略与建议**

我不由得想起了"分粥"的故事。

有七个人曾经住在一起，每天分一大桶粥。要命的是，粥每天都是不够的。一开始，他们抓阄决定谁来分粥，每天轮一个。于是乎，每周下来，他们只有一天是饱的，就是自己分粥的那一天。后来，他们开始推选出一个道德高尚的人来分粥。强权就会产生腐败，大家开始挖空心思去讨好他，贿赂他，搞得整个小团体乌烟瘴气。然后，大家开始组成三人的分粥委员会及四人的评选委员会，互相攻击扯皮，这一来，粥吃到嘴里全是凉的。最后他们想出一个方法：轮流分粥，但分粥的人要等其他人都挑完后拿剩下的最后一碗。为了不让自己吃到最少的，每人都尽量分得平均，就算不匀，也只能认了。大家快快乐乐，和和气气，日子越过越好。

（引自美国哈佛大学教授约翰·罗尔斯《正义论》一书）

这个故事告诉我们，同样是七个人，不同的分配制度，就会有不同的风气。一个单位如果有不好的工作习气，一定是机制存在问题，一定是没有做到完全公平、公正、公开，没有做到严格地奖勤罚懒。所以，应该注意考虑以下问题。

①如何制定一项合理的制度，是每个领导需要考虑的问题。当然，制定一项合理的制度后，如何能够有效地、不折不扣地执行，更是每个领导应该重视的问题。可能很多学校都会遇到类似的事件，作为教导主任的我们，要从制度层面入手，提议学校制定出合理的课务工作量标准，对于其他行政管理人员、事务管理人员的工作量如何计算，必须要合理化，并且通过教工大会（或者教代会）审议通过。这样，按照制度来排课，公平合理，减少了矛盾。

②作为教导主任，要学会从教师的角度考虑问题。教师们在一般情况下应该是乐于接受学校的排课安排的。但是，作为排课管理者，既要按照单位制定的要求和标准来安排工作，又要兼顾家庭有困难或者身体状况不好的教师的合理要求，做到制度管理和人性关怀相结合。

③作为教导主任，要学会与分管教学的校长相处。在排课的过程中，由于教师的特殊原因，出现了排课安排不下去的情况，如何解决才能做到公平、公正，这应该是教导主任和分管校长作为管理层面必须要统筹安排和兼顾的问题。双方只有坐下来，调查情况，仔细研究，多方协调，才能使之圆满解决。因此，作为教导主任，一般情况下，应该接受校长的安排，有不妥的，要个别沟通。要记住，教导主任是执行者，不是决策者，对于校长室的决策，教导主任一时理解不了的，要耐心地和校长沟通交流，但还是要执行校长室的决策。

（南京市教师培训中心　邵雁）

三、自行调课后

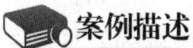
案例描述

一次体育课上，我发现一位体育老师把两个班的学生都聚集在操场上，一个人同时在上两个班的体育课。只见他喊得声嘶力竭，跑前跑后，训这个，喊那个，忙得满头大汗。学生根本不买账，有的聚在一块儿聊天，有的干脆自己玩自己的，场面相当混乱。操场上的混乱和学生的尖叫声引起了其他老师的不满。

课后，我及时和这位老师做了沟通。通过交谈才知道，原来上另一个班体育课的老师有赛课任务，他的这节课没调好，临时找不到老师代课，就求助于这位体育老师。这位老师本节有体育课，但他还是答应了那位老师的请求。他想，反正体育课都是在操场上，多一个班也无所谓。结果就出现了上述的状况。

（图片来源：百度图片）

案例分析

老师们经常会有教研活动、培训任务需要外出而不能按课表去上课。按照规定，这样的情况要报到教导处，由教导处来协调帮助调课。随着我们两校合并，学校规模变大，这样的调课任务几乎天天有，这对我们教导处来说无疑加大了工作量，而且有些课有冲突，并不好调，这也增加了工作的难度。

思量再三，我们提出让教师"自行调课"的方法：根据学校安排，外出听课、开会、培训的教师提前与班级任课教师协商（含教师自己的事假），调好课务，并写调课单给教导处留存，公差调课费用由学校承担。教师请病假或有其他特殊情况，可以打电话向校长室请假，获得准假后由教导处负责安排课务。

在实施过程中，自行调课进行得比较顺利，达到了预期效果，教师间的交流多了，形成了"今天你调给我，明天我调给你"的局面，教师间的人际关系因交流、合作而更加和谐了。

但一种新的规定的产生，是需要不断用实践来验证的。对于调课，教导处放手让老师们自主去解决，把问题下放，打破了老师们对教导处的依赖，同时也让老师们能更合理、灵活地安排自己的课务，按需调课，这是好的方面。

但是，事实上，有时候却不能保证每个老师都会及时找到空堂老师，调好自己的课。个别老师认为反正教导处不知道，自己就进行违规处理了，结果出现了如下现象，比如，两个班的课一个老师合班去上，有些老师实在找不到其他老师代课就让学生上自习课，等等。

实施新的规定难免会有不和谐的插曲。我们应该感谢问题的出现，它像一面镜子，能照出我们在制定新规定时考虑不周全的地方，给我们提个醒，让我们不断地去完善，使之更加合理。

 策略与建议

1. 制度管理和柔性处理相结合

出现问题，就要正视问题。我和这位老师做了深入的沟通，动之以情，晓之以理："两个班合上体育课首先违反了学校的课程规定，两个班八九十个孩子，一个老师怎么能管过来？尤其是体育课，本身就存在安全风险，这样的合上更增加了风险的概率，实在是不应该。老师是好心，想帮同事解决困难，但是好心做了危险的事，这是不可取的。如果真的有困难无法解决，可以来找教导处呀。对于这样的特殊情况，我们不会袖手旁观，肯定会帮着解决。制度是刚性的，但是在实施时，还是需要有变通的。"一席话听得老师连连点头，相信这件事一定会让他有深刻的认识。

2. 调课和代课制度相结合

当有的老师有外出培训任务时，特别是有时一下子要去好几天时，老师们就来教导处反映，课实在是调不开。此时，我们也会考虑到这的确是实际的困难，于是就让老师把不能调的课以及不能调的原因上报到教导处，我们去进行摸底，了解具体情况，并做出相应的调整：确实有困难无法调课的，由教导处安排代课。老师们对代课还是乐意接受的，一节代课可以抵用 2 小时的事假时间。一些不是同年级的任课老师也愿意承担这节课。调课的矛盾迎刃而解。

当然，这样由教导处出面帮着解决调课的现象并不多。老师们都很自觉，能自己解决的绝不会来找教导处，人性化的管理让老师们觉得温暖，也给了他们更大的干劲儿。

3. 制度管理和有效监控相结合

教导处平时要有巡课制度，发现在自行调课中出现违规现象的要适时指出，并在教育无果的情况下，按照制度进行适当惩戒。这也是确保自行调课制度健康运行的有效监督手段。

教育教学管理中需要智慧，需要切合实际的教学管理智慧！自行调课这一方式的改变，能对症下药，有助于和谐的人际关系的形成，更能有效地推进学校的"依法治校"工作。

（南京市五老村小学　程镝）

四、代课风波

📽 **案例描述**

学期近半，学校各项工作正在紧张地进行着——在考核机制围绕质量转的今天，临近期中考试，几乎每一位教师的弦都绷得紧紧的。然而，就在这紧要关头，学校的高年级段却出现了较大的麻烦——在期初一位教师因伤动手术休长假外，先后又有三位教师因病休假。医院的诊断显示，他们各需休假一个月左右，甚至更长时间！这对本就人员偏紧的高年级段来说无异于雪上加霜！

"一个萝卜一个坑"，学校没有富余人员，这多出来的课该怎么办？特别是有两位生病的教师还集中在同一学科啊！与校长室商量，他们回答：年级段内消化解决！看看本组的一个个教师，特别是剩下的五年级语文任课教师（五个班中有两个班的任课教师休假），其中一个年龄偏大（50岁），另一位W老

（图片来源：百度图片）

师也在就医，但还坚持上班。这时候，教导处分管该年级段的Z主任咬咬牙，在原任教一个班语文课的基础上，扛下了另两个班的语文教学。其他教师见此情景，主动分担了休假教师其他的教学任务。Z主任累是累了些，但总算维持了正常的教学秩序。

过了三周，终于有一位休假的老师返校上班，Z主任以为可以松口气了，没想到，他的返校却给管理带来了更大的麻烦！返校的教师原任教五年级一个班的数学，他返校时，恰巧六年级的一位数学老师因病要做手术，校长室

出于保毕业班的考虑，直接把他调去代六年级的数学，而这个决定事先也没有通知 Z 主任，更没有征求与他配班的那个原本就有病在身的语文教师 W 老师的意见！W 老师很有情绪：自己本来身体也不好，只是出于当时年级段的特殊情况，才很负责地带病坚持工作，并主动承担了休假教师的手工课、劳技课等技能学科的教学，没想到现在……第二天，他除了按课表正常上好自己的课外，不再代课！于是，本组正常的教学秩序难以维持。分管的 Z 主任，也无力去代多出来的课了……

那几天，Z 主任成了救火队长，到处抓丁填补该班多出来的那几节课，同时，还得面对几张冷漠的脸……身累！心更累！人缘一贯很好的 Z 主任竟如此紧张！过了几天，Z 主任收到 W 老师发来的信息，告之邮箱中有他发给 Z 主任的邮件，Z 主任打开看了，内容是解释他这样做的原因：从私人感情上，他觉得对不起 Z 主任（他们关系一直很好），但从"公事"上，他又不理解 Z 主任——他一直以为是 Z 主任私自调走了他的搭档而事先没有告诉他，对他不尊重！Z 主任给他回了一封信，说明了其中的原由，并站在他的立场，对他的做法表示理解；同时对他表示了歉意——因此事而对他的不尊重。W 老师释然了，拖着疲惫的身躯，又顶了上去！

休假的老师陆续回到了自己的岗位，Z 主任从心理、身体上彻底卸下了沉重的负担，一个充满生气、团结向上的团队又回来了！期末考试，该年级段全线告捷，各科成绩均居全区前列，特别是毕业班的成绩又有突破，进入全区前几名。

案例分析

在日常教学工作中，教师因故缺课、代课现象时有发生，这本应是很平常的现象，为什么在上述案例中却会引起一场"风波"呢？分析如下。

1. 对人员的合理分配缺乏深入的思考

聘任制在学校已实行了几年，也取得了一些成功的经验，但一般情况下，教导处在排课时比较注重的是教师的知识、能力等方面的任用与搭配,却很少考虑到其身体状况,以至出现了本案例中因同一学科多人生病而产生无法调和的矛盾的情况。

2. 管理上的细节交待不够明确

本案例中,产生矛盾的主要原因是调用教师时缺乏沟通。如果当时校长室、教导处、年级段之间互相沟通,向教师说明情况,也许这场风波就可以避免,而恰恰是这些"细节"没有到位,才出现了大家不愿看到的现象。

3. 缺乏相应的代课制度

Z主任一个人承担三个班级语文课的教学,从表面上看,Z主任吃苦耐劳,解决了当时的困难,但是,其实质是缺乏相应的代课制度。如果碰到年级段多位老师生病的情况,学校就应该按照代课制度统筹安排,而不是以人情来代课或者谁好说话谁代课。

 策略与建议

1. 制定学校代课制度

南京市某小学就有如下代课制度。

①教师因公事外出3天内自行调课;3天以上的,其课程必须由其他老师代课的,由分管校长协调教导处安排代课。

②教师因私事(含事假、病假等)请假超过3天以上的,其课程必须由其他老师代课的,必须先上报校长办公室批准,再由分管校长视具体情况协同教导处安排教师代课。

③教师因学校集体活动、突发事件(急救学生)、紧急公务(或紧急会议)等需要代课的,由分管校长和教师本人报告教导处相关负责人后,教导处负责安排教师代课。

有了科学的代课制度,就可以规范教师的教学行为,保证正常的教学秩序,顺利实施教学计划,有效地进行教学工作。

2. 管理中一定要突出"以人为本"

在学校管理中,对教师要有足够的尊重。校长室是学校的最高层,对学校的发展、各项事务有决策权,本案例中的 W 老师却对一个"决策"产生了异议:他没有享受到该有的尊重,于是生出了诸多事端。如果管理者当时把事情做得细致一些,做决定时多征求一下大家的意见,这场风波绝对起不来!一句解释的话,不就让本已疲惫的 W 老师又鼓起了干劲儿吗?这些,都值得深思!

(南京市江宁区上坊中心小学　周建华)

五、让日常巡课成为管理的习惯

📽 案例描述

一天上午,我正在办公室里批改作业。此时是第三节课,上课铃声结束不久,就听见"咚,咚,咚"的敲门声。打开门一看,是一个个头不高的女生,她对我说:"主任,我们班没老师上课!"怎么会没有老师上课呢,今天也没有老师请假呀?我暗自纳闷儿。通过询问,我才知道,他们班这节是美术课,美术老师出去参加教研活动了。于是,我就安排了语文老师先代课。

安排好课务后,我和美术老师联系,了解情况。原来,几天前,美术老师就和体育老师调了课,到了教研活动这一天,美术老师就没再和体育老师打招呼,而体育老师恰恰把这件事给忘了,所以就出现了开头的一幕。

(图片来源:百度图片)

 **案例分析**

在教学管理过程中，教导主任应该都遇到过上述案例中这样的情况。

美术老师外出参加活动，事先私下和体育老师调课，但是体育老师忘了。由此说明，这是教师自己调课的一次意外事故，不是教师故意不上课；也说明，学校里教师可以自行调课的，最好还是在教导处备案，这样，教导处就可以发现有哪些老师调过课，以便于掌握情况，整体协调。

像上面案例中的这个班级，班长及时到教导处进行了汇报，教导处就能及时安排好课务。如果班长不到教导处汇报，那这个班级一节课都将处在无教师监管的状态，后果真的不敢想象。

 **策略与建议**

我们学校有一支年轻、有朝气、有发展潜力的教师队伍，这是学校的优势。同时也因为年轻，工作经验不足，不少教师在日常教学中往往只顾及工作的一方面而忽视了其他方面，从而影响了自身的整体工作。规范地开展教学工作是青年教师得到较高层次发展的必要基础，所以，作为教学管理者，经常进行日常的巡课，除了能及时发现教师在教学中出现的不规范现象，及时指出并予以补救，还能对青年教师如何规范地开展教学工作给予指导和帮助。

1. 建立规范的调课制度

调课制度要对什么情况下可以自己调课但要在教导处备案，什么情况下要由教导处统筹调课或者安排代课等做出规定。有了制度，就规范了操作的程序，能有效防止意外的发生。

2. 建立行政人员巡课制度

（1）巡课有利于确保教学常规的落实。行政人员以及教导处的教学管理人员都要巡课，要明确巡课内容，明确分工，确保每天至少有几位管理者值班、巡视。

巡课的内容包括：①巡查早间早读、午间护导。早间早读巡视的重点为是否有具体内容，教师是否有指导，班级学生是否组织有序等。午间护导的重点为巡视教师能否及时到岗组织学生休息，学生是否能安静地午休。如果有的教师没有及时到岗，要及时联系该教师，询问原因，并在下一次巡视之前进行友情提醒。②巡查课堂教学，重点巡视教师是否及时进课堂，有无空堂情况，课堂教学中有无违规的现象等。

应该说，中层领导和校级领导的每日巡查，促进了教师规范地开展教学工作，有效避免了一些违反教学常规行为的发生。

（2）**巡课有利于关注学生行为习惯的养成**。在日常的巡视中，负责巡视人员也要关注学生良好习惯的养成、课堂的教学安全等。看到学生有不文明的现象，如乱扔杂物、追打哄闹等，能及时加以制止；看到班级或教师办公室有学生不去上课或未上课等，能及时和任课教师联系，问清原因并提出要求，及时整改。

（3）**巡课有利于促进教师能力的迅速提高**。在巡课过程中，负责巡视人员要关注教师的教学常规，特别是对于年轻教师来说，有些基本的常规没有掌握，通过巡课发现后，如果是共性问题，可以组织活动对青年教师的教学常规进行剖析，如果是个别现象，可以在课后进行面对面的指导，促进青年教师能力的提高。

应该说，我校教师对学校的日常巡课的管理还是理解的，这也是他们能够不断进步的原因之一。而从我自身来说，也渐渐养成了日常巡课的习惯。

（南京市小行小学　朱瑾伟）

六、阅卷安排遭遇的尴尬

案例描述

记得刚刚担任教导处主任的时候，恰逢区里组织统一阅卷，校长室研究并决定了去区里阅卷的人选，安排我去通知。我找到那位老师，直截了当地说:"学校安排你明天去区里批改试卷。"谁知那位老师一听就来了情绪:"为什么叫我去?!为什么其他人不去?我不去!我去找校长!"紧接着,她就冲进了校长室……真让人难堪。

本以为一句话就能搞定的事,结果还引起了老师的不满与情绪,我觉得既尴尬又难堪。

好在校长认真听了她的倾述后,仔细、耐心地做了她的思想工作,并且强调说,教导处的安排征求了校长室的意见,并希望她能够克服困难,执行这次任务。后来,我再次与这位老师交换了意见。这位老师说,其实也没有什么,只是觉得,自己没有得到尊重,如果事先征求她的意见,说话客气一点,也就不会出现尴尬的事了。

案例分析

此案例从表面上看,反映的是,外出批阅试卷增加了老师的工作量,老师不愿意参加;但是,其实质反映了教导处课务安排或者是教务安排、布置任务的方法和艺术问题。在本案例中,布置任务前,教导主任没有与老师进行任何沟通,直接下达指令。面对这位年轻的教导主任,老教师感到伤了自尊心,没有得到尊重,所以老教师的强烈反应是可以理解的。如果在通知老教师之前,年轻的教导主任能够很好地领会校长的用人意图,能够向那位老师说明学校如此安排的原因,特别是说明此次批阅试卷必须要请经验丰富、专业水平高的老师参加,而且学校再三考虑,觉得只有她比较合适。这样也就能得到她的理解和支持了。

教导主任在学校担当着上传下达的职责,不但要把校长的决策不打折扣地贯彻执行,还要善于做好教师的思想工作;要能真正做到摆正位置,理好关系,起到中间桥梁作用。既要保证信息畅通,管理严密,又要使老师们和谐团结,教导主任可谓是身负重任。《孙子兵法》中有这样一句话:"上下同欲者胜。"大家只有目标一致,齐心协力,才能所向披靡。在同一个校园中工作的老师们只有相互理解，相互支持，才能更好地开展各项教育教学工作。教导主任作为校领导与教师之间的"枢纽"，首先要做的便是能理解领导、理解老师。理解的第一步，便是转换角色，设身处地地为对方着想。年轻的教导主任在给老师布置任务前应该注意：开口之前要三思，三思勿忘换位想。

 策略与建议

1. 安排工作，换位思考

即使是对日常工作的安排和调整，也不能简单处理，而要把自己当作普通老师，先和自己在心里对话，能说服自己了，再来安排，和老师进行沟通。只有事先设身处地地想过了，在老师们提出困难时，才会有早已想到的解决办法。和老师们交谈时，自然要多用"我们"，而少用或不用"你""你们"，这在很大程度上可以拉近心与心之间的距离。只有让老师们觉得教导主任是充分理解、关心他们的，他们才会体谅、支持教导主任的工作。相互理解，相互支持，工作也就越来越顺利了。

2. 实施工作，勇于担责

换位思考后，只在语言上表达理解还是不够的，要得到大家的理解和支持，不能光说不做。教导主任要和老师们共同承担责任，共同出力，这样才能得到老师们的信任。还是拿阅卷来说吧。每一次安排集体阅卷时，我都会根据各年级组的教师情况和试卷批改的难易程度对阅卷人员进行合理安排，具体的阅卷分工则由各年级教研组长来安排。虽然我自己没有被固定在某个年级阅卷，但在老师们阅卷的过程中，我从不会像个"监工"似的在其中晃悠。安排协调好各年级组的阅卷工作后，我也会加入老师们中间，和他们共同阅卷。因为我知道，只有在共同的努力中才能有更多的共同体验，才能有更多的共同语言，也才能进一步相互理解。

教导处的工作虽已十分繁杂，但要求老师们做到的，教导主任也不能落下，而且要争取做到更好。因为，在努力的过程中，既能得到老师们的认可，又能提升自己的业务能力。虽然辛苦，但心里更坦然。

换位思考，是设身处地为他人着想，即想人所想，这是理解至上的一种处理人际关系的思考方式。人与人之间要互相理解、信任，并且要学会换位思考，这是人际交往的基础。互相宽容、理解，多从别人的角度思考问题，能使我们身边的氛围更温馨，工作更愉快。

（南京财经大学附属小学　刘宁燕）

他山之石：英国表现管理制度及其启示

教导处是学校教学管理机构，它的主要职能是负责日常的教学工作，执行并实施课程管理、课务管理、教材管理、教学手段与教学质量管理、教师业务管理等。教导处的一些管理工作琐碎而且比较繁杂，上面列举的六个案例，充分说明了我们国内的教导主任们在教师课务管理中的酸甜苦辣，那么，国外教师的管理有着怎样的制度和方法呢？下面来看英国的例子。

一、英国表现管理制度

英国教育与就业部于2000年公布了第51号通告《中小学表现管理》，英国政府将表现管理的推行当作现阶段基础教育改革的一项重要举措。

该制度的核心是通过建立教师评价的法律化、制度化和规范化架构，为教师提供各种必要的支持和帮助，改进教师的教学能力和水平，进而促进学校办学效率和水平的提高，最终达到提高学生学业成绩的目的。

从对象看，表现管理系统涉及英格兰各地公立中小学所有学科的在任教师。

从组织结构看，表现管理系统强调分层负责制。在明确校长是负责实施教师评价的责任者的前提下，为了真正做到落实，在学校中设立教师小组，作为负责教师专业发展与评价的基本单位。

从结果看，表现管理制度对于教师具有重要作用。它是对中小学教师教学业绩最为全面的制度化的评价，最为直接的就是对教师的工资待遇和晋级的影响。学校将根据表现评价的结果，对评价合格和优秀的教师向学校董事会提出奖励和晋级的建议。

表现管理由以下三个环节构成。

第一，制订目标。教师小组长与小组中每位教师一起讨论并确定重点和目标，以及如何对进度进行监控。

第二，过程监控。该阶段是表现管理的核心环节。有效的教师评价不是单纯看待结果，而是要对教师的专业发展过程表现予以持续不断的关注，关注进展，发现问题，提出对策，并及时加以改进。

第三，表现检查。在目标期限结束时，小组长和教师共同对教师在表现管理周期内的工作表现情况进行全面考核，根据既定的目标对教师的总体表现进行评估。

（以上内容引自：许明，《英国中小学教师的评价制度和特点》，发表于《外国教育研究》，2002年第12期）

二、英国表现管理制度的启示

这种管理的模式对我校产生了一定的影响，我校借鉴表现管理的三个核心点——"制订目标""过程监控""表现检查"对教师实施如下管理。

1. 制订目标

我校针对教师专业发展制订了如下基本目标：

①完成教学计划的制订和实施；

②完成教师个人专业发展目标的制订；

③完成教师教育科研个人学年目标的制订；

④完成教师个人所分担的其他事务的目标制订。

学校据此对教师进行基本考核。教师个人再对照四个基本目标制订个人目标，由于教师专业发展水平的差异和所分担工作的不同，每个教师制订的个人目标也有所区别。

教导处在整理所有教师的个人目标时，依据教师专业水平和年龄来分类，并按时间节点和不同标准对教师完成情况进行考核。比如，某青年教师第二方面的个人目标包含以下具体内容：

①积极申请上区级或区级以上公开课1节；

②在指导老师的帮助下完成2篇质量较好的教学案例，并参加"行知杯"优秀论文评比、"黄埔杯"征文评比等，力争取得其中一项二等奖或以上的证书；

③本学年力争在教后记撰写方面写出10篇以上有质量的教后记，主题为"后进生的课堂表现和转化后进生跟进措施"；

④本学年至少读完一本教育专著《学生第一》，写出读后感，制作PPT，争取一次校级20分钟小讲座的机会。

又如，该青年教师第三方面的个人学年目标有：

①积极参与学校省级课题研究，本学年能提供3篇符合课题要求的教学案例；

②积极向学校教科室申请一个校级个人课题，并在学年结束时上交相关资料，争取结题；

③积极参加课题实践，能为学校课题组组织一次主题沙龙研讨。

这样的目标更贴近教师的实际，便于在学年结束时对教师一学年工作的达成度进行考核。虽然这种目标考核不能决定教师的基本工资待遇，但是对于教师的职称评定、岗位晋级、评优评先有重要的作用。目标起点的不同和完成情况基本决定了该教师在各项评选工作中的主观愿望和评分，对于学校的教学管理和教师队伍管理有重要作用。

2. 过程监控

我校的过程监控分两方面：组织结构上，以年级组为接受考核小组，以学校各部门负责人为考核人；考核周期上，按一周为小周期，一月为中周期，一学期为大周期。

每周一，学校会发布一周学校各项重点工作安排表，教师对照学校工作安排表和自己的个人目标参与各项工作并完善个人专业发展记录册。每周五，学校各管理部门对照该部门主要工作对各年级组教师的完成情况进行评价和反馈，考核以年级组为基本单位，对每个教师的工作完成情况进行反馈。由学校某部门轮流负责汇总各项工作考核情况，每周一下午召开各年级组长会议，将上一周各年级各项学校主要工作完成情况进行反馈，反馈内容包含数据和实际工作情况两方面。每月对各周考核情况进行统计，并评选出优秀年级组，予以一定的奖励。教师个人的各项工作表现纳入小组的整体考核中，教师个人的发展和年级组的整体发展高度联系。这样的监控过程，对于防止教师的职业倦怠和个别教师专业发展愿望淡化等有一定的效果。

3. 表现检查

我校的表现检查者为各部门负责人，检查分为两类：一类为常规工作的检查，另一类为周重点工作检查。检查也是以年级组为单位，以教师个体为考核点，对一个教师的日常工作进行考核。每天都会有一位行政人员担任巡视组长，对学校各项基本工作进行考核巡视，并填写固定格式的巡视记录表。记录表中包含各项基本工作考核项目，比如，晨读组织情况、课堂教学常规、课间护导情况、放学路队情况、放学后转化后进生情况、弹性放学情况、校园设施安全情况、师生就餐情况等。

这些巡视基本涵盖了学校教师一天的日常工作。此外，在这份巡视表上，还有当天应当完成的临时性重要工作的完成情况，比如，当天所有教师应当上交"家长会备会提纲"，那么当天巡视组长就应当及时从这项工作的负责人那里了解完成情况，并做好记录。

经过这些日常的、细化的巡视管理和反馈，一学期下来，教师在学校完成的各项工作都有了具体可查的记录。这些记录和统计数字，为教师工作完成情况的评价、教师专业发展的评价提供了有力的依据，更便于学校关注每个教师的成长。这种管理模式看起来有点烦琐，但以此将学校各项管理工作进行统整，实际上理清了头绪，减少了很多临时性突击应对，将管理常规化、精细化，让每个人的工作、每个年级组的工作得到客观公正的评价。同时，这样的管理模式也对学校各部门负责人的管理提供了有效的支撑，将人格化管理和制度化管理结合起来，有效地促进了学校的发展。

（南京市青云巷小学　金魁）

第四章
教导主任与学科建设

本章围绕"学科建设",从内涵到要素做了图文并茂的阐述,简明扼要地提炼出学科建设的"学科课程""学科团队""学科教学""学科学习"等要素,并对这四个要素进行了简单的分析。同时从教导处管理的角度,选择了"学科课程"与"学科团队"这两方面的五个案例,通过案例描述和分析,提出了"学科课程"与"学科团队"建设方面的管理策略与建议,便于大家生动、深刻地了解学科建设过程中的具体操作和实践途径。

(图片来源:百度图片)

课程、课堂、课题……
学科教学源于课程、植根课堂,在课题研究中不断完善;

教育、教学、教改……
树立科研意识,研究儿童、潜心教学,积极投入教育教学改革;

教师、学生、教材……
学生是学习的主体,教师是成长的导师,教材是培养学生综合素养的媒介。

学科建设简介

一、学科指什么

上海市教育科学研究院杨四耕教授认为,在中小学,学科既是以知识系统为表征的"学科课程",又是以学科教研组、备课组建制为依托的"学科团队",还是以知识传授为活动形态的"学科教学"与"学科学习"。它是一个由学科课程、学科团队、学科教学以及学科学习构成的一体四面的三棱锥,我们可以把它叫作"学科三棱锥"(如图4-1所示)。

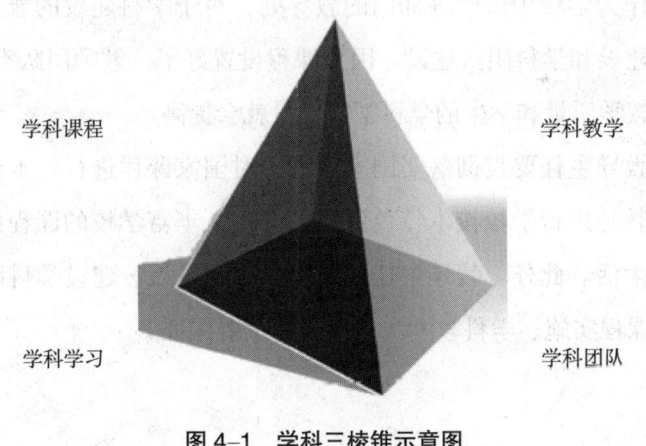

图 4-1　学科三棱锥示意图

二、学科四要素之间的关系

从知识角度看,学科是一个按知识模块划分的学科课程;从组织角度看,学科是一个有自己的组织建制、力量配备和运行机制的学科团队;从教学活动角度看,学科意味着学科教学活动的开展;从学习活动角度看,学科即学科学习活动以及方法指导。

学科的四个要素是不可分割的有机整体，从这四个要素出发构建特色学科是一所学校走向优质的标志。特色学科建设的"三棱锥"模型，其内涵体现在学科课程的丰富性和适切性、学科团队理念的科学性、教学活动的针对性和独创性、学习方法的有效性和独特性、教育教学成效的显著性和价值性。这个一体四面的"三棱锥"模型是无法分割的整体，相辅相承才能发挥最大的作用。

三、教导主任与学科建设

在这四个要素中，细致观察一下，学科教学是以教师为主体来看的，学科学习是以学生为主体来看的，学科课程、学科团队是以管理者的角度来看的。因此，作为学校中层管理部门的教导处，对于学科建设的着力点是，抓好学科课程建设和学科团队建设。因为课程设置好了，教师团队水平提高了，教师的学科教学质量和学生的学科学习质量就会提高。

因此，教导主任要贯彻落实国家课程，对国家课程进行校本化实施，同时还要带领教师进行学校校本特色课程的开发，丰富学校的课程体系，丰富学生的学习生活。此外，教导主任还要引领教师发展、建设学科团队，学科团队是学科课程实施、学科教学水平提高的重要保证。

学科建设案例

下面从学科课程建设、学科团队建设两方面提供案例。其中，学科课程建设，既有国家课程的校本化实施，也有学校的特色课程建设；学科团队建设，既有学科教研组的建设，又有跨学科的教师团队建设。

一、组元：实现教育供给侧精准帮扶

案例描述

"又是三班的课，唉，好累。"我嘀咕着，说实话，我真的有点害怕上三班的数学课。整个班级里感觉非常沉闷，学生好像适应了"老师讲我们听"的模式，很少有人主动思考，或者多想几个解决问题的不同方案。但哪怕是在老师多讲几遍的情况下，真正能熟练掌握的孩子也是寥寥可数，总是不断地"炒冷饭"。唯有数学课代表小天，以及三四名数学成绩还不错的孩子在和我进行交流。

长此以往，整个课堂缺乏共同研究的合作氛围，有潜力的孩子也缺乏有益的良性竞争氛围，教学非常被动。我也觉得教学生活非常无趣，没有成就感。

不过，今天这堂课似乎更加雪上加霜。当我正把一道较难的习题重复讲第二遍，希望更多的孩子能听懂的时候，我发现，"四大金刚"突然集体爆发了。顽劣、淘气的小浩，正在抽屉里折纸飞机；调皮的小德不停地插嘴，可惜说的完全不对；坐在角落里的小鹏，却和周围的同学吵了起来；小峰呢，不知道小浩怎么惹恼了他，突然间大喊道："神经病！"

天知道，他们哪里来的这么多精力，"小错时时不停，大错课课不断"。问题最严重的还是小峰，因为家长的过度溺爱，小峰身上所出现的问题层出不穷，不是用调皮就能形容的。他性格怪异、叛逆、爱撒谎、容易激动、心理承受能力极差、喜欢找碴儿，

却容不得别人对他有一点点不友好……总之，我用尽了所有的办法，可毫无效果，他们依然我行我素。我实在是伤透了脑筋。

（引自学校一位老师的案例）

案例分析

这个案例有两个特殊之处。其一，它是基于小班化教学背景的；其二，案例中蕴含着如何精巧地对国家课程进行校本化实施的问题，并提供了一种有效的实施方法。有意思，有意蕴。

小班化教学如何更有效，如何从学科课程建设的角度去管理，是我们学校教导处面临的一个课题，也是必须回答的命题。

案例中这位老师遇到的问题，在小班化教学中，具有一定的普遍性。

小班化教学并不是班级人数上的简单减少，也不是对教育活动形式进行简单的调整，而是在先进教育理论指导下的一种新型教学形式。

1. 张扬个性不等于纵容任性，教师要有引导的智慧

由于人数较少的优势，小班化教学能给予每个学生更大的发挥空间，小班化教学主张张扬个性，但并不意味着任性泛滥。小班化教学需要教师有更强的引导能力和机智的应对能力，如果教师对有特殊问题的学生（比如，案例中提到的"四大金刚"等学生）无计可施，会导致课堂教学无法进行下去。

2. 班级人数较少，影响课堂交流的氛围及效果

小班的班额一般控制在30人以下，这个人数差不多只是大班学生人数的一半。班级人数的减少是为了给每位学生提供更多参与课堂的机会，但如此一来也造成学生之间交流的减少。一个班级，对学生个体来说，就是一个雏形小社会。正是由于这个小社会的存在，学生才得以自我表现和自我实现，个体的能量才会被激发。在教学过程中，以班级为单位的群体性资源显得尤为重要。

在小班化教学环境下，班级人数减少了，师生交往密度增大了，教学形

式也更加多元化,但这样的班级氛围也存在弊端。一方面,学习、竞争对象和优质学生人数的相对减少,令课堂失去了很多吸纳不同观点、不同意见的机会,难以形成争论和开阔思路的气氛。另一方面,小班化教学若只着眼于学生的个性化教育,将会造成学生社会性素质的缺失。在小班化教学环境中,课堂教学采取的常常是小组交流讨论的形式,且一起讨论的组员相对固定,学生接触的交流对象人数较少;即便是在全班范围内的讨论,因为班额的限制,也难以形成十几人甚至数十人合作研讨、交流激辩的局面,学生的社会性发展也因而受限。因此,进行小班化教学,要充分考虑到小班化教学在群体性资源和对学生社会性发展方面的弱势,想方设法予以弥补。

3.课程整合不够,难以突显小班化教学的优势

始于欧美的小班化教学在教学和班级管理上大多采取班主任包班制,即由班主任一人承担班级大部分学科的教学。因而,在西方小班化教学中,教师大多会将自己所教的各学科课程进行整合,让各科知识形成一个完整的体系。但是,目前我国的学科课程多达十几门甚至更多,并且每门学科都自成体系、自有目标。一方面是因为教师大都只精通一门学科,无法"一专多能"、进行学科与学科之间的相互渗透。另一方面,因为传统应试教育的影响,综合类的考试内容所占比例仍然很少,所以也限制了课程整合的发展和综合类课程体系的建立。

虽然分科课程有助于学生进入客观世界的各个部分,在深入地认识不同领域的本质和特征的同时发展分析的思维方式,但也影响了认知统一性和整体性的发展。尤其是在科技发展、知识激增的今天,在学校所学的科目有限、各门学科的知识容量也有限的情况下,彼此相对独立的学科课程体系缩小了学生的视野,容易造成习得知识的割裂,难以培养学生全面、完整的世界观。可见,课程整合的缺失不仅给小班化教学的教学过程增加了负担(师资等教育资源利用率不高),而且不利于学生综合能力的提高,从而降低了小班化教学的成效。

 **策略与建议**

根据以上分析，我校在进行小班化教学实验的过程中，从学科课程建设的角度出发进行了综合改革，采用了"组元"的教学形式。在我们的"组元"教学概念中，"组"指的是"组合""整合"之意，"元"指的是元素，即教学中的一切教育性课程资源。所谓"组元"，就是指把与课堂教学密切相关的教师、学生和学习媒介等三个方面的元素（也可称作课程资源）有机组合，使之达到最优状态的教学活动与过程。

我们的"组元"主要包括三个方面。

1. 人员整合

课程建设实质是课程资源的建设，而人力资源是课程资源的重要组成部分，因此，我们首先进行的是人员整合。

（1）教师"组元"。教师小组是根据教学目标、教学内容和教师个性、特长组织起来，为了完成一个共同教学任务的教师团队组织。根据不同"组元"内容和主题的需要，我们把教师小组划分为四种类型，即同级同学科教师统整、同级跨学科教师统整、跨级同学科教师统整、跨级跨学科教师统整。在"组元"教学中，采用教师小组进行教学，即教学中不再只有一位教师，而是由2—3名甚至多名教师进行小组协作指导。小组里的教师发挥各自所长，轮流主讲，主辅结合。这样的团队教学有利于主讲教师在教学时更加专心，而辅助教师既能协助主讲教师保持课堂学习氛围，又能参与指导学生小组讨论，扩大辅导面，从而提高课堂组织效率。

（2）学生"组元"。根据学习内容、学习主题、学生能力而结成有分有合、时分时合的学生学习团队。即在"组元"教学时，既有同年级间不同班级的分与合、不同年龄段学生跨级的分与合，又有通过"组元"形成新的学习团队后，团队中不同能力、不同特质学生间的分与合。分与合的形式具有多样性、适宜性、机动性等特点。

这样的组合形式有两点好处。第一，可以充分发挥每位教师的特长，让学生享受教师最优质的教学,而主讲教师和辅助教师也可以在这样一个大课堂里互相学习,共同成长;第二,让小班和大班在适当的情况下进行切换,平时采用小班教学,而在教学内容适当的情况下则采用大班教学。

2. 课程内容整合

"组元"教学改革对课程知识进行了重组、统整,主要囊括了学科内统整、学科间统整、主题统整和活动统整四大类型。

(1)学科内统整,拓展学习的深度。系统、科学地梳理国家课程各册教材的教学内容、教学重点、教学难点;以生活、精神或文化的某一内容为依据重新整合教材、确立主题、划分单元;挖掘教学内容的延伸点,并结合学校各项校本课程,有目的、有针对性地把校本课程内容,有机地嵌入相关国家课程的学科教学中。

【课例】苏教版《语文》三年级上册教材整理

打破苏教版教材原有的单元结构,依据题材或体裁不同,来划分精读与略读篇目,重组单元,便于"组元教学"时更合理地系统讲解、更优化地利用资源。以下是教材重组后的单元排序(如表 4-1 所示)。

表 4-1 苏教版《语文》三年级上册教材重组表

写景	5. 北大荒的秋天 6. 西湖 7. 拉萨的天空 14. "东方之珠" ★
抒情	1. 让我们荡起双桨 3. 古诗两首 23. 每逢佳节倍思亲
状物	4. 做一片美的叶子★ 15. 小露珠 16. 石榴
明理	8. 蒲公英 9. 三袋麦子 11. 第八次 12. 卧薪尝胆★ 13. 世界上第一个听诊器 22. 金子
写人	10. 哪吒闹海 20. 军神★ 21. 掌声 24. 孙中山破陋习
自然科学	17. 石头书 18. 小稻秧脱险记 19. 航天飞机
其他	2. 学会查"无字词典"
组元教学课文	14. "东方之珠" 4. 做一片美的叶子 12. 卧薪尝胆 20. 军神

（2）学科间统整，拓宽学习的广度。 学科间统整，是综合国家课程中不同学科的相似或相关联内容进行教学内容的统整，学生能够从多重视角整合处理相关信息，更全面、客观地理解知识和解决问题。简而言之，学科间统整，即不同学科间共同支撑点的发掘与利用，以加强学科之间的联系。

【课例】综合实践课——"神八飞天"

2011年11月，"神舟八号"与"天宫一号"在太空成功实现首次交会对接。这是中国航天史上的又一次飞跃。抓住这个契机，三年级组以科学学科为主，其他学科为辅，以"热点新闻速速传"这个晨会小课堂为突破口，分别就"'神八'大揭秘、模拟舱体验、航天之梦创作画、模拟飞行大赛"四个主题，开展了一次"组元"综合实践活动。主要教师为科学老师，她从专业的角度向同年级组的老师和学生做了"'神八'大揭秘"的专题辅导，将对接阶段包括接触、捕获、缓冲与校正、拉回、锁紧等5个过程以图例的形式进行深入浅出的讲解。课程超市中，各班主任老师分班给大家播放视频，用生动的讲解让学生进行"模拟舱体验"。美术老师具体指导大家进行"航天之梦"的儿童科幻画创作，在课程超市中展示评比并隆重颁奖。（获奖作品中，画者甲在飞船的右方画了一台宇宙垃圾车，希望这台垃圾车能够吃掉所有太空垃圾，使宇宙变得更干净；画者乙不仅画了"神八"，还画了UFO，作为地球人向外星人发出的邀请；画者丙在作品的一角，画上了一对鹦鹉兄弟乘着海螺飞船来到太空，领略宇宙的浩瀚与神秘。）最使学生感兴趣的是，学校是全国模拟飞行指导站，有精良的竞赛设备，在年级组开展竞赛，将活动推向了高潮。

这个课例恰到好处地诠释了"找到互通的生长点，发挥各科特长"的"组元"教学学科间统整优势，使教学从单纯的知识传授转向知识传授与能力培养、思维训练"兼顾融合"的综合方向发展。

（3）主题统整。 主题统整是指国家课程中各个学科立足本学科教学内容及教学目标,结合校本课程,寻找多学科间的共同点,围绕一个相关的教学主题,开展不同学科特色的教学活动,打通学科内有衔接的内容或各学科间有联系的内容原有的教学壁垒,优化教学效果。

【课例】主题教学——"秋天的童话"

一提起秋天,人们就会想到金黄的麦穗、火红的高粱、沉甸甸的谷子。秋天是美丽的季节,秋天是收获的季节,秋天给人美的享受。苏教版《语文》四年级上册第一、三单元是"秋天的童话"主题。根据这个主题,我们整合教材,编排了《但愿人长久》《秋天》《桂花雨》三篇课文,安排了《秋天来了》《秋天的味道》《我们去听秋的声音》三篇课外阅读。其中,《但愿人长久》一文,是苏轼《水调歌头》的千古佳作。苏轼运用了多种修辞手法,将中秋月圆之夜"愿团圆、伤离别、盼美好"的情怀抒发得淋漓尽致。诗歌既有理趣,又有情趣,耐人寻味。他的思想感情犹如长了翅膀一般,天上人间自由地飞翔着。这篇课文在语言上具有鲜明的特色,是学生进行积累和赏析的范例,所以将它作为精读篇目。

老师用一周时间来完成"秋天的童话"单元主题教学。80分钟的长课,采取分—合的组织形式,进行精读课文《但愿人长久》的教学;用2课时分班进行略读课文《秋天》《桂花雨》《秋天来了》《秋天的味道》《我们去听秋的声音》的交流;后采取自主选择的方式,整合了学校诗语音画社团、音乐课、美术课的相关资源,带领学生进行"秋诗秋韵""秋叶秋画""秋月秋音""秋景秋影"主题活动。在活动中,感受、体验、喜爱秋之美。在此基础上,指导完成了习作《秋天的童话》。最后,整个年级的学生异质分组,选择自己感兴趣的活动成果,自主合作探究,并在全年级展示。综合能力突出的学生还完成了"学习地图"的制作。

(4)活动统整。学校的各种活动纷繁复杂,在小班化教学的背景下,需要学生人人参与活动。但是,有的活动未必每个学生都喜欢参加,有的活动虽策划精良，但实施起来因为人员、时间等的限制而成了走过场。

"组元"教学的活动统整是指围绕同一主题开展丰富的活动，做成学生的适性课程，使不同层次的学生能在各种不同形式、不同主题的活动中各有侧重，各取所需。这样既可以发挥教师的特长，又能将每个学生最优化的智能挖掘出来，促进每个学生的整体发展。

活动统整非常适合运用于各年级的课程超市中。课程超市一般在年级组内开展，组内所有的教师、学生、家长共同参与选主题、选师资、选内容、选方法、选场地、选时间等问题。一旦确定主题后，设置必修和选修课程。

必修课程是为年级组全体孩子设计的课程，大家都要参加，按要求完成相应的任务。一般安排在周五下午的两节活动课上，也可以利用长短课在晨会、班会和平时教学中穿插进行。采用的形式可以是分班教学，也可以是合班展示汇报。

选修课程是年级组的所有教师根据该主题和学生的兴趣爱好，结合自身特长组织的相关学科活动。时间统一安排在周五下午的综合实践活动课上。由学生自主选择内容参与活动，在活动中，发挥学生个性特长，帮助他们制作"学习地图"，采用多元评价的方式，让每一个学生都获得满足。

【课例】课程超市——"走进西游"

二年级组的语文老师在进行教材整合后，发现生本教材中连续四课《孙悟空》的文字简洁生动，读起来朗朗上口，学生的兴趣很浓。这正是按孩子的年龄和心智引导他们亲近经典的好时机。于是，二年级组就将课程超市的主题定为——"走进西游"。组内三位语文老师、两位数学老师、一位美术老师和一位体育老师都参与了课程设计，根据需要成为主讲教师或辅助教师。主讲教师主要结合自身特长和学科特色进行主讲，辅助教师则做好个别辅导和补充。当然，根据学生兴趣不同，还可以跨级、跨学科邀请其他老师或有经验的家长进行授课。

必修课程有：学生自行主持的"小小美猴王，大大西游记"读书晨会；

制作的《西游记》人物名片；认真阅读《西游记》后填写的读书卡；分班故事会后全年级"故事大王"的汇报演讲……"组元"活动统整不仅是优质资源共享，更给了孩子们一个更大的展示舞台，也激起了孩子们渴求成功的愿望。

选修课程更能张扬孩子的个性。数学老师开设的西游课程是"取经途中的数学题"，美术老师专门开设了"巧手绘西游"的美术课程，语文老师开设了西游课本剧课程，体育老师开设了"82难我来闯"课程。家长也是课程超市的参与者，年级组开展了亲子课程"勇闯火焰山"等。

通过这些课程资源的统整，我们实现了国家课程校本化的统整性课程，为学生提供了高选择性的课程，也为学生的个性发展提供了课程载体。

3. 时空统整

国家课程校本化的"组元"教学需要有统一的时间将负责教学的教师、接受教学的学生集中起来进行教学，也需要足够的教学空间以容纳统整后的学生、教师小组及课堂所需学习、活动区域和相应硬件设施，因而要对时空进行统整，让教师和学生有更灵活的时间参与"组元"教学，让教学空间里资源的设置可根据"组元"教学的需要进行灵活的变动。

（1）**时间统整**。"组元"教学的时间统整主要指长短课时。

长短课时是指在"组元"教学中既有长课，又有短课。这里的长短主要以上课所需时间为划分依据，相较于传统小学课堂每堂课40分钟，长课一般为60—80分钟，这是由于"组元"教学的内容要比传统的课堂教学内容丰富得多，需要有充足的教学时间保证，让学生掌握系统而丰富的知识内容。当然，在进行一些小的主题教学时，因为"组元"提高了效率，可以在20—40分钟内完成学习，故称为短课。

（2）**空间统整**。"组元"教学的空间资源统整主要是需要专用的资源教室。小班环境下的教学局限于普通的教室内，"组元"课堂的教学有明显的空间划分。在课堂上，大家可以明显地看到学习区与讨论区的划分。这也是

"组元"教学分合的一种形式体现。在多功能资源教室中拥有电子学习区、讨论区、阅览区、绘画区、阅读区等,这种空间资源的整合,为学生创设了更加完整、更加丰富的活动环境。

(南京市同仁小学　利刃)

二、跑班自选:课外阅读走进儿童世界

案例描述

语文教师根据对学生已有阅读基础和阅读兴趣的调研,统整阅读专题内容,将阅读学习体系化。再结合语文教师个体专长及兴趣点,确立阅读的不同角度与层面,开发出绘本读创、诗歌读创、奇幻小说赏读、校园小说赏读、亲情小说赏读、侦探小说赏读、探险小说赏读、成长小说赏读等阅读主题课程。

每逢周三下午第三节课,是游府西街小学"快乐星期三"的社团课。四年级八个班的学生,将根据自己在学期初自主选择的课外阅读专题,打破班级界限,走进不同的教室,面对不同的老师、不同的学习伙伴,开展一场不一般的阅读体验活动。每学期按照课时分为前后两段时间。学期初,学生选择一个专题进行学习,教师对其阅读过程和结果进行科学评价。半学期后,学生可以重新选择一个主题,开始新的阅读旅程。由于学生对这一全新授课形式十分好奇,加上学习内容是自己选择的,有别于以往被动的学习状态,学生奔向各自学习专题教室时是欢呼雀跃的,是奔跑的。课外阅读指导课成了名副其实的"奔跑吧,阅读课"!

案例分析

国家课程如何进行校本开发,校本开发后又如何进行优化实施,对此,每个学校都会有自己的实践模式。上面的案例,是南京市游府西街小学语文

学科对国家课程进行的校本开发——走班大阅读。该案例既有国家课程校本开发是如何建构的思考，又有国家课程校本开发后如何实施的智慧选择，读来颇有新意。

游府西街小学是一所坚持素质教育的百年名校，将教育的核心理念确定为"成长支持"。学校围绕"儿童成长支持计划"，提出成长的本质是儿童的自主成长，教师的天职就是支持儿童的成长。在这样的背景下，产生了"支持性"课程体系（如图4-2所示）建设的美好愿景。

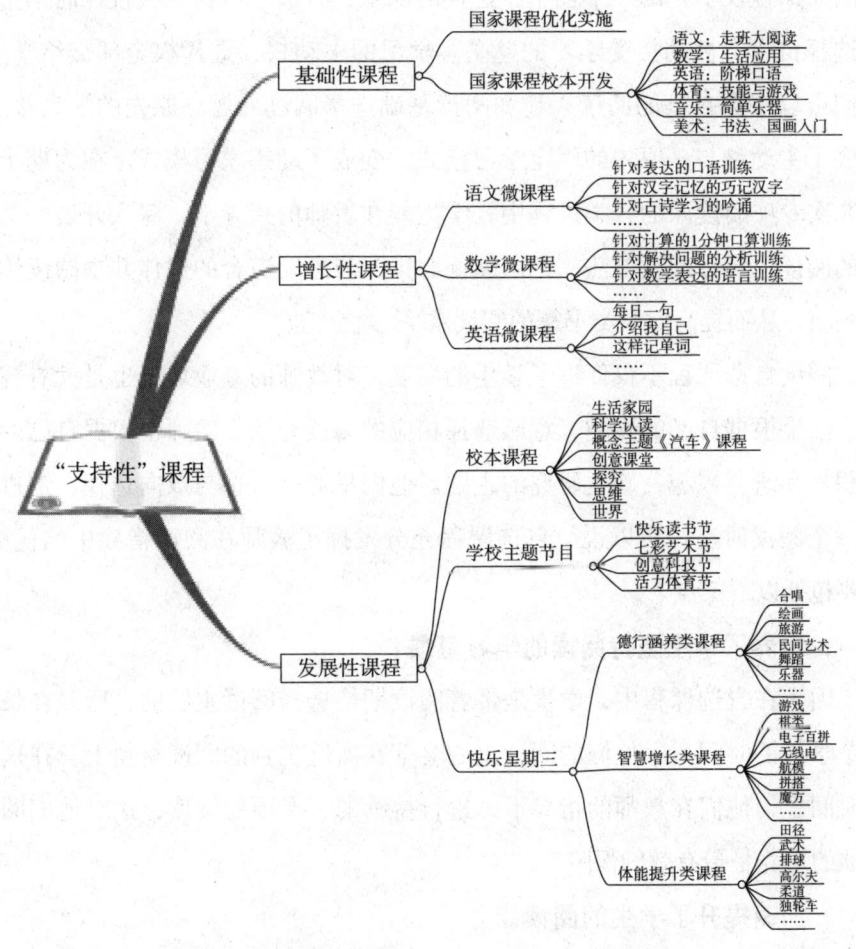

图4-2 南京市游府西街小学"支持性"课程体系

在"游小",课程是满足学生个性发展的主阵地,也是践行支持儿童成长的试验田。课外阅读自选课程应运而生。对于课外阅读跑班课程的实施,教导处在排课时是这样做的:每周拿出一节地方课程,同年级同时安排成阅读课,学生以兴趣为主导,自主选择主题跑班学习。原本48人的教学班,通过跑班项目增多设置,变化成28人的小班学习模式,更好地促进学生进行课外阅读,整体推进学生的阅读水平,使其养成坚持阅读的好习惯。

跑班上阅读课是学校语文组在课外阅读教学深度改革中的一项尝试,也是国家课程校本化的一个创举,这样的课堂,打破了以往班级授课时学生没有选择机会、被动接受学习的壁垒。学习的主动权、选择权全部交给学生,他们可以根据自己的阅读兴趣和阅读基础选择阅读专题。原先的被动接受,变成了主动参与;原先的固定学习模式,变成了动态学习模式。在为期半学期8次专项阅读课的教学过程中,学生能在教师的指导下,深入开展一类书籍的阅读,学习阅读方法,记录阅读心得,与志同道合的伙伴共享阅读体验与收获,从而提高对某类书籍的阅读水平。

阅读自选课程不仅促进了学生的发展,对教师的专业成长也是大有裨益的。学生根据自己的兴趣、意愿选择相应的阅读专题,教师也根据自己的阅读积累和研究兴趣,确立研究的主题。他们是通过自选与双向选择,走进了同一个阅读时空。可以说,自选课程充分发挥了教师在阅读指导中的优势,主要包括以下三点。

1. 培养了学生坚持阅读的学习习惯

因为在自选课程中,学生是带着阅读期待选择阅读主题的,所以在长达半个学期的时间里,他们的阅读重心会落在所选类别的阅读材料上。在这一段时间里,他们在教师的指导下,进行持续的、专项的阅读,这对他们阅读习惯的培养是最有效的保障。

2. 加速提升了学生的阅读能力

在自选课程的学习中,教师根据学生的阅读兴趣,开展专项研读的主题活动,教会学生整理归纳、分类筛选、提取概括、分析思辨等方法,并指导学生开展多元交流：师生互动、生生互动，这对学生阅读能力的提升大有帮助。

3. 有效促进了教师专业素养的提升

自选课程中的教师告别了泛泛的指导，潜心对自己所选的阅读专题开展研究实践活动，思考阅读教学的目标、指导策略、评价方式，不仅充分发挥了教师的主动性，也让他们有一种被需要感，从而敦促自己努力提升专业素养。

 策略与建议

1. 充分尊重学生的兴趣需要和阅读积累

兴趣是最好的老师，也是主动学习和探究的原动力，学校在进行阅读课程设置时，对学生的阅读现状进行了摸底，在充分调研的基础上，确立了学生感兴趣的阅读主题课程，供学生选择。

2. 关注学生阅读能力发展的全面和整体

虽然我们把课外阅读分为若干个主题供学生选择，但不是让学生局限于某一专题的阅读与学习。这些专题不分主次，对于学生阅读能力的发展都很重要。所以，我们设定了专题学习轮换制，一个学习周期结束后，学生再进行新的主题选择，开展新的阅读与研究。这样做有利于促进学生阅读能力的全面提升，也兼顾了学生整体的发展。

3. 充分调动教师的积极性，发挥教师的教学专长

教师也有自己的阅读兴趣和研究偏好，充分尊重他们的选择，便于调动他们对于开发阅读自选课程的积极性。因为有阅读兴趣和经验，在教学时，就能发挥出他们的专长，取得较为良好的教学效果。对教师资源的合理运用和调度，不仅激发了教师的积极性，而且丰富了课程的内容和形式。

课外阅读自选课程的建设，是我校学科课程建设的冰山一角，阅读课奔跑起来，也是"游小"在儿童成长支持中积极探索的一个生动例子。我们

将继续深入研究，完善课程的设置，让阅读自选课程领跑在课程改革的跑道上！

（南京市游府西街小学　查静）

三、学校特色课程的开发与实施

案例描述

今天下午不上课！孩子们别提多高兴了，这是学校的地铁科技实践时间。早在一周前，各班级的孩子就在老师的带领下讨论了自己的实践内容。有的班级选择地铁站台文化研究，有的班级选择地铁运行技术研究，有的班级选择地铁安全问题研究，等等。孩子们围绕自己感兴趣的内容进行问题整理和小组分工，就等着今天下午去探究呢！

这不，五年级的孩子来到了位于小行的地铁运营中心学习。他们缠着叔叔不放，问这儿问那儿，就自己的困惑和工作人员交流，对于自己感兴趣的设备也是瞪大眼睛研究着。一个下午的时间就在这种研究中悄然而逝。孩子们带着满满的收获恋恋不舍地离开了地铁运营中心。

我们的学习还没有结束呢！回到学校，各小组把自己学到的知识整理出来，或绘制成小报，或整理成文字稿，或制作了精美的PPT，在综合实践课上分享给大家。最后，全班学生给各组每位同学评分，对于参与积极的同学给予肯定，对于还需努力的同学提出指导和建议。每一个孩子都在这一学习过程中得到了收获。

案例分析

我们地铁课程设计的基本思想是从一个地铁科技概念学习社区出发，体现"大家一起来"和"让孩子做课程的主人"的理念，学生和教师共同设计课程方案和教学内容，创造出适性的课程。

1. 课程内容

课程的主要内容融汇"科技、工程、数学、生活"四个领域，分成地铁科技综合实践课程、科技创新 DI 特色课程、科技创新个性化社团三大类活动化课程。其中，地铁科技综合实践课程为国家课程校本化实践；科技创新 DI 特色课程与科技创新个性化社团为校本课程，教师与学生自愿参加。

（1）**地铁科技综合实践课程**。在三至六年级，把国家综合实践活动课程与地铁科技教育课程进行整合，课程实施分成四个学习模块，运用四种学习方式，培养四个方面的科学素养。四个学习模块是"带着地铁问题去研究""乘着地铁去学习""创造一间地铁教室""地铁与各学科的整合学习及网络学习"；四种学习方式是课题引领的研究性学习，在真实生活中的体验学习，基于动手创新的创造性学习，运用各门学科技能的整合学习（即研、学、创、合）；体现"乐研、乐学、乐创、乐合"的四个教育目标。

（2）**科技创新 DI 特色课程**。引入科技创新 DI 特色课程，培养学生的创新能力、问题解决能力和团队合作能力，包括技术、科学、艺术、即兴、结构五大类。鼓励参与者在整个活动中能够亲身体会作品的制作工序、审美艺术以及在创作过程中解决实际问题的能力。基本方法是，年龄相仿的 8—10 个学生成立一个项目小组，用 8—12 周的时间共同完成一个课题。学生在解决问题时充分使用创造性工具，带队教师在小组中只起协助作用，不参加方案的选择和准备工作，为学生提供基本环境，协调研究进展，辅助学生。在整个课程中，完全由学生主导，自我决定。我们引进 DI 课程后，在校内公开招募，成立了 4 个项目团队，以项目训练营的形式进行。每年组织一次 DI 项目大赛。

（3）**科技创新个性化社团**。成立无线电测向、机器人、电子百拼、小火箭、航模、海模、坦克、地铁等个性化研究社团，整合周边科教资源，聘请科技人员、家长、大学教师参与社团活动，以丰富多彩的科技社团，培养学生动手动脑的实践能力和创造能力。

我校特色课程的评价采用发展性评价与表现性评价相结合的方式，对学生的学习评价纳入学校"乐学"评价体系，突出评价的激励与导向作用。在评价主体上体现以人为本的主体性评价价值取向，强调评价主体的多元和评价角度的多向。

对学生的评价既有教师评价学生、学习伙伴互评，也有学生自评；既关注学习过程，又重视学习效果。地铁科技综合实践课程采用发展性评价为主、表现性评价为辅的方式，科技创新 DI 特色课程与科技创新个性化社团采用表现性评价为主、发展性评价为辅的方式。

2. 课程问题

随着课程的逐步实施，原先没有预测的一些问题逐步出现，困扰着学校特色课程的进一步有效实施。

（1）**教师的科学专业素养不够**。科技课程的实施需要一大批懂科学技术的教师。刚开始实施课程的时候，我校教师的基本素养还可以应对一些研究问题，随着课程的深入实施，教师纷纷感受到自身专业科学素养的缺失，有些项目甚至不能继续有效开展。想要进一步发展，教师的培养是关键。

（2）**学生的参与兴趣日渐减弱**。课程的实施应该是注重学生的发展，着眼于学生科学素养的提升，这样的课程实施不仅是知识性的，还是好玩的。可是，我们在实施过程中发现，有些课程，学生不乐于参与了。

（3）**缺乏评价机制**。在此项目实施过程中，对于教师的评价、对于学生研究过程的评价还没有形成可行性的系统的评价机制，缺乏系统评价，学生、教师的参与积极性不是很高。如何创新评价机制，需要进一步的探索。

（4）**特色课程的内容资源有限，不能满足学生研究的需要**。活动形式还不够丰富。如何更深入地挖掘资源，同时保证资源是学生感兴趣的，是学生成长所必需的，这需要我们进一步的思考。

 **策略与建议**

如何解决困扰课程实施的问题，我们初步的思路包括以下几方面。

1. 充分调动更多教师、成员参与课程开发的积极性，体现参与性

我们需要有更多的教师参与到特色课程的开发与实施中来，帮助广大教师更好地理解课程计划，成功地实施课程。同时，特色课程开发是以学校为基地、以教师为主体的创造性专业活动。但这并不意味着教师在这一复杂的活动过程中要孤军奋战，实际上，特色课程的开发应该是一个民主、科学、合作的过程，学生、家长、社区人士、教育研究人员都应参与其中，群策群力，发挥各自的优势，共同做好特色课程的开发工作。

2. 尽可能利用校内外教育资源，坚持校本化

特色课程开发应尽可能地利用或开发现有的校内外课程资源。学校即将异地重建，这样的契机可以让我们更好地建设学校可供特色课程实施的硬件条件。另外，学校拥有良好的社区服务和社会实践环境，如小行地铁站、雨花台软件谷等，我们应充分利用这些教育资源进行特色课程的开发与实施。

3. 加大学校对特色课程的培训力度

对于教师素养的提升、课程开发能力的培养，学校会邀请专家对教师的课程开发、实施技能进行培训，使教师建立科学的课程观，包括对校本课程的认识、价值判断、处理手段等。另外，还要组织教师仔细研究《国家基础教育课程改革指导纲要》，保证特色课程开发的方向性和探究性。

4. 创新评价方式

为了让学生可以对自己的研究进行针对性评价，不让这样的学习虚化，我们设计了《地铁科技微行动手册》。手册记录了学生行动研究的过程，通过家长评、老师评、同学评，将学生的参与过程真正呈现在大家面前，让学生有一个展示交流的机会，以此激励学生积极参与。

实施特色课程，还需要深入地研究，在实践中反思，在反思中实践，不断创新，探究真正适合学生的课程体系。

（南京市小行小学　孙晓芳）

四、数学教研团队建设的尝试

案例描述

一年一度的教师教育科研成果汇总出来了，周一早晨，校长把我喊到校长室。唉，就知道是为了数学组的"成果"问题。校长说："杨主任啊，这次教育科研成果出来了，数学组的情况依然如故啊！你是教导主任，又分管数学学科，你要抽时间和组员们好好聊一聊，想想办法把大家的工作热情调动起来。"我红着脸回到了办公室，一摞成果汇总登记表静静地躺在办公桌上。翻看着数学教研组每位教师交来的表格，表彰类、发表

获奖类、辅导学生类、公开课等一系列栏目中，能填写内容的教师寥寥无几，即使是有填写内容的，也仅限于公开课一栏。看来，我们真的需要不断反思、努力前行了。

案例分析

我校是一所小班化学校，全校共有23个教学班，其中，数学教师共有12名。正式在职教师9名，3名为代课教师。从年龄分布来看："70后"教师4人，"80后"教师6人，"90后"教师2人。应该说，从教师的年龄结构上来讲，这是一个不错的组合，但实际上这支队伍曾经一度让我头疼不已。

教育科研成果的汇总，表面上看只是一些数据而已，也许并不能证明什么，但背后折射出我们这支团队的现实情况：年富力强却安于现状。具体来说，教学经验较成熟，愿意接受新生事物，愿意参加教学改革方面的研究与

尝试，实践的主动愿望比较强，但实践的反思与生成积累较少，教师个人成长规划不清晰，没有明确的奋斗目标，满足于现状，主动成长的愿望不强烈。当然，缺乏有效引领也是一个重要原因。

 **策略与建议**

教师是学校生存与发展的核心，学生成长离不开教师的引领，而学校的发展更离不开教师的成长。教研活动是教师个人成长的沃土，有效地开展教学研究活动，促进教师队伍的整体发展和提高，是学校教学工作重要的内容之一。究竟怎样才能有效激励教师个体主动成长，实现整个数学教师团队的提升呢？我们采取了以下一些措施。

1. 分层规划，前行有目标

根据数学教研组教师年龄层次的不同，首先帮助教师制订个人成长规划，让每一位教师在工作中明确自己成长的目标与努力的方向，让个体成长成为教师主动发展的一种内动力。例如，对于刚刚工作的"90后"教师，制订三年培养目标，校内校外两手同步抓：在校内，连续三年与教学经验相对丰富的"70后"教师签订师徒协议，坚持每周师徒互相听课研课，尽快提升新教师的业务能力。在校外，为他们申报各种区级研训班，争取在研究班内参加公开课执教的机会，在更宽松的研讨氛围中快速成长。对于中间力量的"80后"教师，结合"区优秀青年教师"评比制度，制订校内争优培养计划。在校内鼓励他们参加"校优秀青年教师"评比，为他们继续申报区级荣誉称号打下坚实的基础，在校外参加相对成熟的市区级研训班，并争取在区、片各种教研活动中崭露头角。对于"70后"教师，制订自我教学特色定位计划，帮助他们形成有鲜明个性特征的教学风格，进行个人教学特色申报，并率先在校内开展公开课展示研讨活动，以此来促进每位教师的个人成长。

通过这样的规划，我校"90后"青年教师各个向前，"80后"教师各个争创"校优秀青年教师"称号，而"70后"教师更是热情地引领着整个团队的成长。整个教师团队在教研活动中拧成了一股有力的"绳",形成了一股教师成长的强大内驱力。

2. 实践历练,反思助成长

我们加强实践历练的主要形式是开展"教学实践研讨月"活动。"教学实践研讨月"活动的流程是:年级组研讨与数学学科组研讨紧密结合。第一阶段是教师确定个人教研课题后在年级组内进行教学实践、研讨及反思。第二阶段是教师在年级组研讨的基础上,带着相对成熟的教学课例面向整个数学教研组进行教学实践、大组研讨及反思。在研讨过程中,充分利用数学课堂观察数据的分析与反馈,执教教师在研讨的过程中不断调整教学预案,不断完善教学过程。第三阶段是成果提炼阶段,一是教师及时在校园网站教师博客栏目中记录下自己在每一次研讨过程中的反思与感悟,二是在两次反思的基础上,教研组形成几篇高质量的教学问题解决文章,提高教师运用理论分析实践问题的能力。

"教学实践研讨月"活动的实质是,将教学实践、教学研讨、教学反思紧密结合,高效推进教师不断进行教学反思,"教学实践研讨月"成为教师主动成长的推动力。

每一轮"教学实践研讨月"活动结束后,在交流研讨碰撞过程中形成的反思正日渐成为教师写教学论文的第一手丰富素材。与此同时,收集每一轮"教学实践研讨月"的教案、课件、课堂观察表、评价表、教师个人反思以及教学问题解决的论文等相关材料,丰富了我校数学教学资源库,为下一轮"教学实践研讨月"的开展积累材料打下了坚实的基础。

3. 团队打造,助力共前行

团队的打造,成为整个数学教研组集体成长的核心力,以团队的力量进行每一次教学研讨,极大地调动了每位教师参与研究的积极性,使每一位教师感受到了集体的温暖。例如,每学期开展的"主动课堂""教学实践研讨月"活动。在每一轮活动中,要求每位教师进行个人研究课课题申报,个人独立备课,教研组集中研讨,教师首次执教研究课;教研组进行课堂观察与数据分析，个人修改教学预案，教师二上研究课；教研组追踪教学预案修正点，再次进行课堂观察及数据分析，教师三上研究课；反思交流碰撞后修改教学预案，教师四上研究课。在整个教学活动开展的过程中，教师个体与团队紧密关联，大家对不同教学设计的辩论与反思、课堂观察数据的分析与研讨，一次次教学预案的合理设计与修改，实现了以团队带动个人最大化的成长，而个人的成长也推动着整个团队前行。

4. 专家引领，专业再提升

教师成长的过程更需要专家的引领与提携，在完成常态化教学任务的同时，将请进来与走出去有机结合，极大地拓宽了教师的视野，促进了教师个性的发展。在近三年的时间里，结合教师论文的撰写，我们先后邀请南京市教育科学研究所的专家走进"察小"，结合教师论文撰写过程中存在的共性问题进行有针对性的讲解与分析，结合个人课题申报过程中存在的困惑进行有针对性的剖析与指导，这样的请进来让每位教师真切地感受到学习的必要性。

我们还将区研训员先后请进教学课堂，对教师在课堂教学中的困惑进行一对一的帮助与指导，让每位教师在指导后都有所得。我们还充分利用本区的教学资源，争取让每一位教师参加不同层次的教学研究班学习。现在，我校9名正式在职数学教师中共有8名教师参加了市区不同的专题研训班学习。同时，我们还关注南京市鼓楼区一批名师工作室的教研活动，先后带领全体数学教师参加了土九红老师、魏芳老师、张冬梅老师工作室开展的研究活动，参加每一届苏州、无锡、常州、镇江、南京五城区年会研讨活动，参加省市数学课赛课的观摩活动，参加现代与经典数学专场观摩课活动……请进来与走出去，让我们有更多的机会直接或者间接地接触到更多的教学专家，有机会聆听他们的指导，接触更为先进的教学理念，体会更加有活力的数学课堂教学，教师的专业成长得到快速提高。

5. 学校助推，人人展风采

在教师成长过程中积极为其搭建各种展示平台，让整个数学教研组的每位教师先后在不同的平台上绽放个人成长的魅力。我们先后承接了新疆教育考察团、浙江嵊泗教育考察团、北京教育考察团的接待课任务；并受邀送课到浙江、苏州等地；争取参加市区教学改革成果展评活动，让数学组的教师的公开课有机会在这样的展评活动中亮相，面对面接受专家的指导。在近三年的时间里，数学教研组9位教师中先后有7位教师站在展示的平台上，展现自己的风采。这些凝聚着团队合作精神的课例无一不向外界传递着教师个人快速成长的讯息，个人成长带动团队的成长，而为教师们搭建的平台也正以更大的推动力促进着教师个体与团队的成长。

而今，每学期再次面对教育科研成果表时，我欣喜地看到其间填写满满的内容，它们记录着个体成长、团队拼搏的每一次经历。在数学教研组三年的成长过程中，有失败的痛苦，有停止不前的困惑，更有成功后的喜悦和快乐！9位教师组成的数学教研组小团队，在我们学校的校园中如一棵棵平凡而朴实的树，就那样真实地、无怨无悔地在平凡的教学工作中挥洒着自己的泪水和汗水，一起打拼，一起尝试，一起研讨，一起奋斗。而今，走到哪里，我们都是一个团结奋进的团体。

（南京市察哈尔路小学　杨湘革）

五、学校青年教师团队建设的实践

案例描述

开学不久，为了提升教师的专业素养，教导处围绕学校工作计划中"教师专业发展"这一核心任务，精心策划了一场主题校本研修活动，确定了"有效课堂"这一研修主题，安排了一系列研修活动，耐心为执教老师"磨课"数次。其目的只有一个，就是能吸引更多的老师主动参与进来，能真正激发他们参与校本研修的热情，提高他们的教育教学水平，推动学科质量的有效提升。

到了校本研修活动那一天，学校邀请青年教师参加，并邀请专家到场进行现场点评。但是，出乎意料的事情发生了：约定好的校本研修活动，能够准时来参加的人数寥寥无几，即使参加研修活动的教师，也有些迟到，有些带着作业本（边参加活动，边批改作业）。看着会场上稀稀拉拉的人，教导主任很失望，美好期待换来的是草草收场。

案例分析

上述案例发生在我们学校，学校30岁以下的青年教师有20余人，占全校教师总人数的三分之一。这部分青年教师中有少数已经初步成长为学校的教育教学骨干，大部分却还是刚刚从各师范院校毕业的师范生。在专业成长的道路上，他们迫切需要团队的引领。虽为学校中最年轻的教师群体，他们有时候还是缺乏工作干劲，参加研修的积极性并不高，究其原因主要有以下三点：第一，大量的事务性工作占据了青年教师的工作时间，学校日常事务多，特别是青年教师大多承担了班主任工作，而且课务比较重，学校其他一些杂务也要青年教师来承担。第二，校本研修的质量不高，青年教师并没有觉得这些研修活动或是竞赛活动让他们有多少实质性的收获。换句话说，他们并不认为这些活动对他们的专业成长与发展有什么帮助，而是认为校本研修可有可无，参加与不参加一个样。第三，学校缺乏相应的校本研修制度，没有从制度上去规范，没有制度规定青年教师必须参加学校组织的校本研修活动，这造成了活动时大家可来可不来的尴尬局面。

通过观察，学校领导发现，年轻人并不缺乏对待工作的热情与主动性，但青年教师自身年龄较小，工作时间不长，无论是工作经验还是专业素养都相对薄弱，是整个教师群体中最需要帮扶和发展的对象。当前，社会、家长对学校教育的要求不断提高，青年教师也迫切希望能找到专业迅速成长的捷径。如何改变青年教师对校本研修的固有认识，切实地提高青年教师团队建设的实效，是学校领导面临的问题。因此，学校领导打算大力开展校本研修活动，以此提升青年教师的专业素养。

 **策略与建议**

学校领导经过调研,多次和青年教师谈心,了解情况,并请教专家,根据青年教师的特点,几经筹备,于两个月后,组建了"凤凰花开"青年教师俱乐部,尝试以教师团队发展带动教师个体的发展。"凤凰花开"的寓意是,每个成员像美丽的凤凰花一样能找到自己的优势所在,发挥自己的长处,开出属于自己的"花朵"。下面是"凤凰花开"青年教师俱乐部的操作理念和具体做法。

1. 抱团发展——俱乐部的存在形式

"一花独放不是春,百花齐放春满园。"一朵硕大的凤凰花固然美丽,也比不过朵朵花开连成片的壮美景象。在俱乐部成立大会上,学校领导引用一句非洲格言作为结束语:"如果你想走得快,那你就一个人走;如果你想走得远,那么就和大家一起走。"这既是对俱乐部提出的要求,也是对青年教师的希望。在之后开展的一系列活动中,俱乐部秉承学校"绿色教育"的发展理念,坚持"抱团发展"的信念,让每个俱乐部成员真切感受到自己不再是一个个体,团队是大家在学校存在的方式。

2. 制定部规——俱乐部的实施保障

学校有了青年教师俱乐部,就应该有相应的组织建设制度,并在制度的制定中进一步思考:这些制度在落实过程中可能会出现什么问题?落实的难度又会在哪里?

一般来说,制度的制定需要明确如下问题:谁来组织?什么时间进行活动?周期多长?活动的内容有哪些计划?有哪些调动教师积极性的举措?

俱乐部根据学校青年教师工作年限、任教学科以及在学校从事综合性事务的情况,集思广益,从民主到集中,制定了《××学校"凤凰花开"青年教师俱乐部部规》。在部规中,将个人发展与团队发展有机结合,明确青年教师的责任与义务,也为接下来俱乐部各项活动的开展提供了有力的制度保障。

3. 聘请顾问——俱乐部的人力资源

俱乐部组建伊始，学校就以俱乐部的名义聘请了校内五位骨干教师担任青年教师俱乐部的顾问。学校不仅举行了隆重的聘请仪式，而且给每位顾问颁发了精美的聘书，明确了每位顾问的责任与义务。这五位顾问是学校各个学科的领军人物，在各自的学科发展上成绩突出。在俱乐部日常的训练与活动中，学校充分发挥几位顾问的建议和指导作用，促进青年教师的专业成长。同时，还对顾问的参与和指导进行考核与奖励，进一步促进了几位顾问的指导意识与成效，为俱乐部的发展提供了有力的保证。

4. 坚持训练——俱乐部的工作常态

学习，是青年教师俱乐部日常管理工作中的重要内容。在俱乐部的领导下，学习已经逐渐成为青年教师工作中的一种常态。开学初，俱乐部会组织青年教师俱乐部成员召开学期学习任务布置会。会上，就青年教师基本功训练提出具体的要求。基本功训练一般包括两方面，一是三字一画的训练，二是读书训练。在三字一画的训练上，以教师自我训练为主、集体训练为辅，每学期末进行匿名检测，前三名下学期可免练，以此增强青年教师的积极性。对于读书，俱乐部提出了必读书目和选读书目相结合的方式，每学期指定读一本专业书籍、一本文艺书籍、一本儿童书籍，并在所提供的书目中自由选择其他书目进行阅读。对于必读书目，俱乐部会在假期的培训中选择其中一本作为读书沙龙的主要讨论书目。

除了基本功训练，俱乐部还加强了实用能力培训。暑期，邀请学校的资深书法专家（也是俱乐部的一位顾问），就硬笔书法的训练举办了一场非常有质量的讲座，深得俱乐部成员的欢迎。除此之外，俱乐部还邀请了刚刚从俱乐部"毕业"的两位青年教师给大家讲解电子白板使用这一新兴技术，也很受欢迎。在俱乐部成员的一致要求下，俱乐部将在接下来的日子里举办FLASH制作等实用技术培训，以此丰富青年教师的专业素养，提高其能力。

作为一支有活力的团队，活动的开展必不可少。青年教师俱乐部成立至今已成功举办了一系列的活动，比如，"每朵花开都有理由——《窗边的小豆豆》读书交流会""心会跟爱一起走——青年教师教育叙事演讲""'希望之星'青年教师赛课、粉笔字比赛""我的成长我做主——××年青年教师暑期培训""以书育人,以书促行——顾道琴教师书法讲座""梦想插上翅膀——××年青年教师暑期培训""我的生活我做主——假期创意生活秀""为了一份幸福的守望——青年教师读书日献词"等活动。

值得一提的是,青年教师俱乐部开展的"青年教师绘本讲述活动"。此项活动包括两场初赛、校园海报宣传活动、"圣诞绘本大派送"、"喜送圣诞大礼,笑看绘本讲述"决赛活动。决赛中,学校邀请了省市级专家和《金陵晚报》记者参与了评分工作。类似这样的活动不仅在学校和家长中产生了很大的反响,还在社会上产生了一定的影响。俱乐部两位优秀成员以此活动为契机积极参加了全国绘本讲述大赛,分获二等奖。

回顾每一项活动的开展,"人人参与"是活动时每位成员必须具备的姿态。通过活动,每位成员都在自己原有的基础上有了发展,有了收获。

5.健康心理——俱乐部的良好愿景

健康的心理是健康个性的前提,自信是获得成功的前提。当下,教师的工作压力普遍较大。作为承担学校大部分社会工作的青年教师团队,其压力自不在话下。因此,对青年教师俱乐部而言,培养青年教师健康自信的心态是至关重要的。我校青年教师俱乐部将青年教师的心理健康发展放在俱乐部工作的显要位置,并利用每次暑期的青年教师培训活动,开展了一系列团队心理辅导活动,比如,"信任之旅"活动增进了团队成员之间的信任,"心有千千结"活动让青年教师明白没有什么困难是克服不了的,"无家可归"活动让成员感受到在集体中的幸福,等等。这些心理团队活动一方面促进了青年教师心理的健康发展,另一方面也促进了他们对团队的信任与依赖。

6.专业成长——俱乐部的终极目标

伴随着新一轮的课程改革,教师专业发展问题的重要性逐渐突显出来。在新课程改革的背景下,教师专业发展被赋予了新的内涵。教师专业发展和课程改革是相互促进的。更新教育观念,优化教师专业发展条件,加强教学实践与行动研究,是实现教师专业发展的策略。

随着教师专业发展研究的不断深入,探讨的焦点已经从教师专业发展的外部控制和影响转为教师在自我发展中的主体意识和主观能动性。"教师情感"在教师工作和专业成长过程中的重要作用受到越来越多的关注,成为探讨教师专业发展的新视角。

充分调动青年教师的主观能动性,指导青年教师立足专业,也是青年教师俱乐部发展章程中的重要内容。俱乐部组建伊始,每个成员都完成了一份有质量的作业《我的未来三年》。在这份作业里,青年教师就专业发展为自己确定了明确的目标,并由学校在每年的暑期培训中以"我过去一年最得意的三件事"和"我未来一年最想达成的三个目标"为主导检查三年规划的达成情况。

与此同时,从校、区、市、省到全国,学校极力为青年教师的专业成长搭建平台。俱乐部成立至今,学校选送了一名美术老师参加全国电子白板大赛并获得一等奖,选送了两名语文老师参加全国课外阅读展示活动,等等。这些机会为青年教师的专业发展提供了优质平台,为其指明了方向。

(南京市凤凰花园城小学　许雯)

他山之石:澳洲"生态教育"思考

学科建设是学校管理的重要命题,从国家课程校本化实施到学校特色课程的建构和实施,再到学科团队的建设,无一不需要管理者的实践智慧和胆略。"他山之石,可以攻玉",让我们跟随倪老师的脚步走进澳洲教育的绿野。

教育的根本任务是育人,而人是千差万别、有不同需求的生命个体。让每一个人寻找到适合的土壤、适当的温度、适宜的环境,自由、健康、生态、向上地成长,是教育的根本宗旨和社会功能。

这年暑假，笔者带领学校赴澳修学旅行的 19 名小学生登上了飞机，经过 13 个小时的飞行，安全到达澳大利亚悉尼。澳洲蔚蓝的天空、清新的空气，让我们心旷神怡，瞬间消除了异地的陌生感。为期半个月的交流、授课、参观、体验，让我们感受最深的是，澳洲崇尚快乐、自由的"生态教育"。

有个场景和大家分享：我们到澳大利亚的动物园观看鸟类表演，原本以为会与国内观看动物园的鸟类表演一样，大家坐在一个像戏院的房子里观看驯鸟师的专业表演，例如，计算、唱歌、舞蹈之类的鸟类智慧开发演出。但是，出乎我的意料，我们坐在动物园露天木凳上，三三两两，互不挨着，在大自然中观看鸟类表演。

我好奇地坐下来，心里充满疑问与期待。驯鸟师走了出来，他两手空空，只随身带着一个耳麦（便于大家听他解说）。他从容地站在草地上，简单地问候之后，向远方吹了一声口哨。这时，奇迹发生了：一只大鸟从 20 米开外的大树上俯冲下来，稳稳地落在他的手臂上，就像是他的常客，亲切温和、毫无拘谨。驯鸟师拿出一个鸵鸟蛋大小的硬盒子放在地上，然后轻轻拍了拍鸟的翅膀。大鸟似乎明白了他的意思，飞落在地上，熟练地用嘴啄开了盒面，轻松地将里面的食物啄出，美美地吃起来。接下来的表演虽然简单，但驯鸟师与鸟儿的亲密、默契充分显现出来。在这里，鸟儿是那么的自由、快乐，人是那么的友善、互助。这让我们在场的所有人都感受到人与自然、人与动物的和谐之美。

两国鸟类表演的不同,让我联想到了两国教育上的差异:2009 年、2012 年,中国上海学生蝉联国际经济合作与发展组织开展的国际学生评估项目(The Programme for International Student Assessment,缩写为 PISA)考试第一名,引起国内外教育专家的关注。他们来到中国调研后发现,中国的教育赢在基础知识扎实、稳步推进,赢在教师团队的高效教研,赢在中国家长对于教育的关注热度等因素,但也反映出学生过重的学业负担问题。

中国学生严格按照国家规定的教育大纲、教材系统地进行学习,系统性、计划性较强,配合教育主管部门的监管、调控、师资培训等保障,学生的"双基"扎实跟进,记忆较为深刻,课堂教学效果显著。但在此过程中,由于教学进度的限制,课堂教学时间有限,教师更多的是引领学生关注文本和结论的理解与强化,淡化、忽略了过程的推理和知识的探究,学生的自主选择、生态成长没有得到很好的关注与满足。

澳洲的学校没有统一的教材,没有期末考试,只有教学大纲,教师根据大纲的框架,自由选择教学内容,带领学生在实际的情境中,在知识的融合中,探究科学,合作学习,达成目标。虽然他们的学习不及我们密度大、容量多、进度快,但他们学会了方法,享受着过程,体验了合作,实现了碰撞,联系了生活。下面从六个方面介绍一下澳洲的教育特点。

一、充满智慧的主题式教学

澳洲的学科教学,多为主题式教学和融合性课程。学生在老师的引导下,人人参与操作、思考、对话、归纳。这种学习是一种合作,是一次体验,更是一种快乐和享受。学生在这种教学模式的熏陶下,动手实践能力和创新思维能力特别强,气氛活跃,主题鲜明,领域宽泛。在这样的教学中,真正实现了"慢教育"的"多功能"。

我有幸在澳洲听了一节主题式数学课。这节课的教学目标是让学生了解统计测量的方法。教师根据这一目标,设计了"土豆运动会"情景,让学生利用教室中现有的材料、工具、学具,分组设计田径运动场上的各种比赛赛场,利用"土豆"作为参赛队员,完成比赛任务。学生根据"土豆"的比赛成绩进行测量、统计,最后给"队员"颁发等级奖牌。

跳高比赛

保龄球比赛

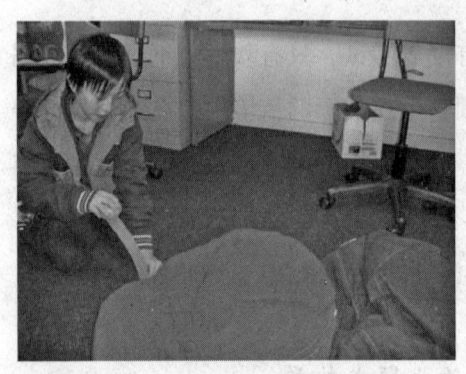
撑杆跳远

蹦床运动

学校还向我们展示了一节中文课,这节课的主题是"中国北京"。学生在教师的图片展示中,认识了中国的国旗和首都北京,了解到北京的标志性景点(长城、故宫等)、北京的建筑特点(四合院)、北京的精美小吃(烤鸭、冰糖葫芦等),引领学生齐读生字词,通过分组合作体验制作"冰糖葫芦",强化对字形的记忆。最后,孩子们在展示自己作品的过程中再次巩固了这些汉字的发音。

二、充满尊重的活动性课程

澳洲的教师非常尊重学生，无论是在课堂上还是在活动中，都能强调学生的主体地位，让学生的能力得以锻炼与提高。例如，墨尔本格兰德尔小学有一个相当于中国学校"大队委"的组织，它是学生根据自己的特长与优势，自主申报、登台演讲并通过全校投票民主选拔产生的。这些学生上岗后，根据分工不同为全校学生开展相应的服务，并进行过程性记载，为学生的日后评优提供依据。每月全校集会上，将由他们上台汇报所负责的项目评比结果，校长只需站在一旁，给受表彰的学生、班级颁发奖状。

课堂上，学生永远是学习的主体。教师围绕教学目标，在课前精心设计，确定各种研究的专题，组织学生动手操作、分组研讨，在合作的过程中，找出解决问题的方法。教师在一旁充当引导者、启发者、建议者的角色。学生虽然在窃窃私语，来回穿梭忙碌，但是整个课堂"形散而神聚"，大家围绕一个专题操作、思考、研讨、互动。这种学习体现的是一种自然、自由、自主的理念，这就是"生态教育"的精髓。

三、充满合作的团队精神培养

澳洲只有几百年的历史，是一个70%都是移民的国家。为了培养学生的爱国意识和合作精神，让全体师生凝聚力量、共建幸福家园，从基础教育开始，他们就非常关注团队意识的培养。

格兰德尔小学从学生入学起，就将其随意分为红队、蓝队、绿队、黄队四个组别。这样，全校一至六年级所有学生，均匀地分布在红、蓝、绿、黄四个队中。学校所有的活动竞赛均采用"积分制"，每一位学生都会尽自己最大的努力，为所在队争光添彩。一个活动结束，学校会及时公布各队的积分排名，公布各队的总积分，激励学生重视集体荣誉，感受团队的力量。

在这种竞争机制下，高年级学生能主动关心低年级学生，促进了高、低年级学生的进一步对话和友情的提升。这也为将来学生走上社会后生活、学习、工作方面的交往、协作、对话建立了模拟场景，培养了他们的人际交往能力。

四、充盈博爱的教师行为自觉

澳洲的教师虽然收入不高，但是他们的社会地位很"显赫"，所以有相当一部分人愿意从事教师职业。同时，社会对教师的要求也很高，"让每一位学生全面发展，快乐学习，懂得友善"是他们的育人宗旨。

教师将经过严格的考核，才能从事教学工作。小学阶段没有教材，只有大纲，他们要根据教学目标，通过各种途径收集、设计、整合学生感兴趣的内容，在生动有趣的活动中创建联系，引导学生在具体情境中达成教学目标。

学校对教师的评价源于家长与学生。他们的快乐与认同是对教师最优的评价和最大的安抚。但是，如果你被学生或家长投诉，那么将面临不被聘用的危机。正是因为存在这种机制，所以每位教师都自加压力、乐于奉献、勤于笔耕、终身学习。

为了获得好的教学效果，他们经常备课到深夜；为了获得更多的设计灵感，他们会走进图书馆浏览思考；为了每一个学生的成功，他们利用课余时间进行家访，上门辅导（无偿服务），从不计较得失。他们每天的教学任务高达7—9节课（一节课30分钟），但丝毫看不出、听不到他们的反感和抱怨，有的只是对这一份职业的热爱与追求，以及获得成功后的自信与满足。

五、充分参与的全员体育活动

澳洲的体育锻炼是自觉性、全员性的，大街小巷随处可见晨练的不同年龄的人。体育锻炼已经成为人们生活中不可缺少的一部分。学校体育活动的安排设计也体现了自觉性、全员性。哪怕是智力和身体残缺的学生，他们也会担任体育活动中的志愿者，参与不同环节的服务。

澳洲的学校体育活动突出参与、快乐、健体、健心的理念。这次访问，我认真观摩了两大体育活动赛事。第一项是年级排球比赛，一位体育教师在班主任的配合下，完成了五年级6个班12场次的排球班级对抗赛。他们的比赛规则，就是全班参与（20个人左右），其中一名队员用各种姿势将球发过网，只要球不落地，对方的学生可以用各种姿势将球抱住，再传给第二个人，球在本方转换四次之内必须过网，最后球在哪方落地，另一方得分，先得11分的班级获胜，进入下一轮对抗赛。单循环的赛事结束后，累计胜利局数最多的班级获胜。虽然排球项目专业技术含量不高，但是学生的全员参与、呐喊助威、相互补位、奋力拼搏深深吸引了在场的每一个人。

第二项大型体育活动，是一至三年级的田径运动会。他们的比赛项目是掷飞碟、投球进筐、夹球跳跃等趣味体育游戏。学生们在四、五、六年级学生裁判员的带领下，进行轮转制比赛，裁判员为每一位学生记录，评选出参与所有项目的综合冠军，并将他们的成绩和校田径比赛记录进行对比，打破纪录的加倍算分。从每一个学生的热情呐喊、奋勇拼搏、享受成功中，不难看出这场比赛的多赢。

六、充分民主的家校合作办学

澳洲的教育是大教育观，学生、家长都可以参与学校的办学管理。学校设立了一个家长委员会，家长代表可以参与学校校长任命、办学理念确立、学校制度完善等各项活动。他们的话语权相当重要，如果学校进行制度改革，没有得到家长委员会的认同，这项制度就不能实施，所以，校长非常尊重家长委员会的意见，在做出重大决策之前，都要请家长委员会代表参与讨论，认真听取他们的建议，以修改和完善改革方案。

家长委员会虽然很有权威，但是他们的目标和学校是一致的，"为了学生的全面发展,为了全体学生的发展"。他们在学校有困难的时候会挺身而出,从人力、物力、财力上给予全力支持,毫不吝啬,不留余力。

学校为了欢迎我们的到来,由家长委员会出面,几十位家长亲自下厨做出融色、香、味于一体的精美比萨饼送到学校来与我们共进晚餐。我们的学生寄宿在当地家庭中,家长委员会要召开相关会议,策划相关方案,安排有接待资质的家庭进行对接,从出行、饮食、学习、参观等几方面进行统筹规划,确保接待的质量。由于他们的参与、支持和监督,学校的管理更加透明、规范和完善,学校与家庭的关系也更加和谐,有效提升了家校合力。

我们深刻感受了澳洲的阳光、蓝天、尊重、自由,回到祖国,便迫不及待地对教育的"生态发展"做出新的规划,并在我校进行了改革尝试:学生申诉委员会、校务委员会、家长义工组织的设立,选项教学、学生社团、社区课程等教学内容的丰富,全员运动会、"校园吉尼斯"、"梦想大舞台"、"看我72变"等活动的开展,让我们尝到了"生态教育"的适性甜美。

希望此文能给有志于基础教育改革和实践的个人和团队带来新的启迪，将"学校管理"拓展成"学校治理"，融入多元参与、多元课程、多元评价等元素，努力让快乐学习、花样童年、适性成长成为可能，努力培养一批有理想、有道德、有体魄、有知识的社会主义接班人和建设者。

（南京市游府西街小学　倪晨瑾）

第五章

教导主任与校本研修

本章首先以图文并茂的方式呈现，简明扼要地提炼出校本研修的定义、校本研修的流程、校本研修的组织管理；接着从校本研修日常听评课、常规的教研活动、校本研修方式、校本培训形式以及如何给教师专业发展"减负"等不同层面，选择了六个典型案例，结合具体的研修内容和操作方法进行案例描述和分析，在问题剖析的基础上，提出了有关校本研修管理的策略与建议。

（图片来源：百度图片）

教学、教研、科研……
校本研修是教师成长的加油站

问题、主题、专题……
校本研修让教师在实践中体验、感悟、成长

校本研修简介

一、什么是校本研修

"校本研修"就是在学校的领导下,以教师自身及其任职学校的特点和需要为基础,以提高教师的综合素养水平为目的,以不断深化教育改革和优化学生成长环境为内容,以自主、合作、探究性学习为主要形式,以教师为主体的学习型组织为交流平台,在专业人士咨询指导和专业信息的引导下,通过有目的、有计划、有组织、有系统的研究性学习和实践锻炼,促进教师自主成长的一种教师继续教育方式。它是一种融合校本培训、校本教研、校本科研、个人自修于一体的新型综合性教师继续教育方式。

二、校本研修实施流程

教导主任在组织管理校本研修的过程中要遵循如下流程:

研制方案 → 实施活动 → 开展评价。

三、校本研修的组织与管理

校本研修的组织架构如图 5-1 所示。

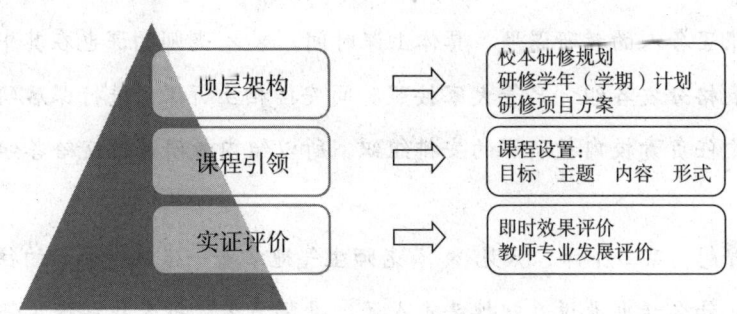

图 5-1　校本研修组织架构流程图

校本研修管理案例

一、一节没人听的教研公开课

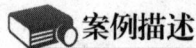 **案例描述**

新学期伊始，张主任按照惯例，在他分管的语文教研组召开"工作安排布置"会。会上，他讲了新学期的一些相关要求及具体工作安排，当布置到每位语文教师在本年级组内上一节教研课时，××老师开口说话了："主任，我还有两年就要退休了，这节教研课是不是就可以免了？我人老了，不中用了，这课上起来也没多大意思了……"

听了这话，张主任一愣。按照学校要求，只有离退休年龄还有一年的老教师才可以不参加学校的教研活动。这位老师还有两年才退休，显然不符合学校规定。如果开了这个头，其他老师怎么想？如果大家纷纷效仿，那正常的教研氛围岂不是被搅乱了吗？可是这位老师是学校里有名的"刺头"！如果不同意的话……稍作思考后，张主任笑盈盈地对她说："××老师，您还有两年就退休了，我们一点也没看出来。瞧您多年轻，多精神！您不要保守，上一节教研课给我们年级组内的年轻老师听听，让他们有个向您学习的机会呀！"听了张主任的话，××老师没有作声，随即便散会了。接下来，各年级组上报了各人的教研课题、具体上课时间。××老师的课也在其中，教导处打印表格分发各组，只等大家按照时间安排相互听课，进行课后研讨交流了。张主任负责校内教研课的安排组织，所以组内教研课就交给各组组长负责了。

不曾想，某日下课，只见××老师生气地拿着一张纸"啪"的往校长桌上一放，什么话也没说，就掉头走人了。没隔多久，校长找到张主任，指着那张纸说:"看看,你们的教研课是怎么安排的,人家老教师生气了。"张主任拿起纸来一看,大意是说,她要求不上教研课,学校不同意,然后她认认真真准备了半天,结果又没有人来听课。最后来一句:"不知学校搞什么鬼名堂!"这究竟是怎么回事?张主任到年级组了解后方知,组内两位教师一个当天刚好参加区里的教研活动,把她的这节课忘了,另一个虽记得要听课,但是自己有课调不开,分身无术。就是这么巧,偏偏事情发生在这位老教师身上,头疼!严重头疼!

事后和校长一商量,张主任带着他们组内的另两位年轻教师和××老师打了招呼,表达了歉意。尽管忙,尽管不巧,尽管是组内的教研课,也实在不该没有一个人来听她的课。这节教研课引发的风波,最终以教导处的屈从而告终。那两位老师觉得他们很冤,张主任就更冤了。有没有搞错,组内教研课,犯得着教导处操心吗?

案例分析

应该说,在布置教研课时,张主任那段表述分寸拿捏得恰到好处,既坚持了学校教研的规章制度,又激励了那位老教师。老教师没有坚持自己不合乎规定的要求,并且还真的执行了。这就是管理者在人际交往中的沟通艺术啊!

为什么一个好的开头没能获得最后的圆满成功呢?虽然有事后道歉,但是终究留下了遗憾!那位老教师答应上课,是在主任的话语中感受到了一种"尊重",所以,我们应该从心底去尊重同行中的长者、前辈,他们一旦感受到这份尊重,就一切皆有可能!

细细反思,本次教研公开课存在两个问题。首先是教研组组长没有协调和安排好课务,让老师准备了公开教研课,但是没有人参加,这应该说是一次教研事故,对教研组长应该要进行批评,以杜绝此类事情的发生。当管理的目的简单到为了完成任务而忽视过程,忽视细节,那么管理就必然陷入被动。其次是组内教研课如何规范过程的问题。组内教研课的流程到底是什么？难道就是大家排个公开课的听课表，然后，到了听课时间，大家来听一下就可以了吗？这种流于形式的组内公开课，没有起到教研的作用，反而浪费了大家的时间，对于教师的专业发展毫无效果。这个问题就需要教导主任们去考虑和落实了。

 策略与建议

案例呈现的是不少学校在教学管理中常见的必须要解决的问题——组内公开课到底如何开展才有效？如何让老教师成为校本研修活动的优质资源？

1. 与教师沟通，以尊重为前提

教导主任的管理是一种艺术，首先是一种人际交流的艺术。本案例中的老教师不愿意参加组内教研活动，那么，如何与老教师沟通呢？与老教师沟通与交流的前提是尊重。老教师为教育工作奉献了一辈子，不少人难免有船到码头、车到站的想法，对于专业发展、业务提升基本上没有什么要求。他们是一支特殊的力量，善加引导则风清气正，反之则影响人心。我们对教师的认可、赞誉、勉励、点头、微笑、问候等，都让教师感到满足，能增强教师对学校的认同感和归属感。所以，教导主任要学会与教师沟通交流，让老教师成为组内教研活动的中坚力量，成为校本研修中的优质资源。

2. 组内教研，以规范程序为前提

组内教研课如何开展才有效，最基本的就是要规范程序。

组内教研活动的程序包括：确定主题，合理计划；任务分解，落实人员；活动实施，成果收集；教研反思，活动评价；等等。

（1）**确定主题，合理计划**。每学期开始，教导处制订教研计划，每个教研组组长制订教研组活动计划和活动安排表。做事之前都要先盘算盘算。教研活动也一样，一定要深思熟虑，特别是对于主题式教研活动，主题怎么来，来自教师平时的教学问题，来自学生学习中的难点问题等。

（2）**任务分解，落实人员**。尽管有了教研活动表，安排了具体的任务、人员，但是对于每次活动如何开展才有效，还要做精细的打算：本次教研的目标是什么？采取什么样的教研形式和方法？在过程实施中，谁来主持研讨活动，谁做活动记录，执教者"磨课"几次？

比如，确定教研活动的形式，组内教研活动的形式有共同学习、经验交流、专题讲座、观看录像光盘、观摩课、研讨课等。形式确定后，还要考虑参与人员。研讨性质的活动，一般参与人员比较少，多为骨干教师；观摩性质的活动，参与人员要尽可能多些。

（3）**活动实施，成果收集**。接下来就是教研活动实施。从教研活动开始，就存在过程优化的问题。对于每个环节，每个时间段，参加教研活动的人员应该干什么，在实施过程中，都要统筹安排。在活动结束后，对于活动的成果，要进行整理收集，比如，研讨课的课例、过程的记录、讲座的稿件和视频等。

（4）**教研反思，活动评价**。每次教研活动后，组织者要对活动全程进行反思，提炼出教研活动取得的成效，明确存在的问题、改进的策略。只有这样，教研活动才能做到真正有效。

3. 教研管理，以落实为关键

学校教研的规章制度，谁都不能违背，但是，要讲求方法，要学会沟通。在规章制度的执行上，既要严格，又要落地有声。上述案例中的教研公开课，其实质是教研组没有协调和安排好课务，学校没有规范的教研活动制度，所以才出现了让教师准备公开教研课，但是没有人参加的尴尬。

上面已经阐明，即使是组内公开课，也要事先进行集体备课研究、全组观课探讨、集体"磨课"修改、教师共同提升这样一个策划和实施的过程。如果没有前面的集体备课"磨课"，那组内的公开课流于形式，又有什么效果呢？因此，教研教务管理要以落实为关键。

4. 组内日常教研，以全员参与为宗旨

组内的日常研究课、观摩课氛围如何，研修的质量如何，是衡量一所学

校教师发展的关键要素。教导处一定要狠抓组内的日常备课活动和教研活动，只有在日常的研究中全员参与、全程参与、积极主动地参与，才能提高日常研究活动的质量，从而提高教师参与研修活动的积极性。这是一个相辅相成的过程，教师研修的积极性高了，研修质量就会提升，也才会在真正意义上提高教师素质。教育质量的提高就落在这些细节管理上。

（南京市建宁小学　王劼）

二、问题突破：一种常规教研的新途径

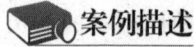 **案例描述**

一次校内教研活动，狄老师按教研组活动计划执教一年级《认识线段》一课。在听课之前，教导处安排了三组老师观课：一组记录学生对老师所提问题的兴趣，一组记录问题本身的价值，一组评价课堂学习的有效性。

之后的评课环节，首先让三组老师介绍观课情况。老师们指出：学生对老师所提的问题不感兴趣的占28%；执教者所提问题本身缺少整合性，对学生的认知建构没有结构性引导；本节课的有效性欠佳。

讨论过程中，老师们针对观课情况，锁定具体问题，进行问题突破。

在后续的交流研讨中，大家形成了一些基本策略：①问题要有整合性，不能琐碎；②问题要有贯穿全课的线索；③问题要便于形成话题，在话题中展开探讨；④问题解决过程是学生深度学习的过程。

特别有意思的是，研讨

中，老师们还就"为什么要闭着眼睛去想拉直的毛线"这一问题展开了深入的探讨。为何拉直？闭眼的意图是什么？要达到的学习目标是什么？深入交流帮助听课老师体会到"毛线变成线段"背后蕴含的深刻意义，对这一操作活动意图的理解帮助老师理清了教学的重难点。课后，执教的老师、参与听课的老师结合研讨交流的内容很快整理出《从"毛线"走向"线段"》《以〈认识线段〉为例反思数学概念教学》两篇文章。两篇案例分析文章的高速度完成，两位教师的写作热情，引发了笔者的深思。

 **案例分析**

目前，不少学校的常规教研活动，还停留在浅尝辄止的层面，都在诸如"过渡语设计""细节处理""板书呈现""评价多元"等方面做调整，很少能借鉴教学设计上的创新之举、课堂高效的有力举措。这样的就课议课，对于执教者的教学行为改进或许会有点帮助，但对于听课教师群体的专业发展来说，收效甚微。

本次活动是一次校内教研活动，一改传统轮流评课的方式，让听课老师先聚焦于问题进行思考：怎样关注学生学习的真实情况？怎样关注课堂问题？怎样建构有效的学习？带着这样的问题，听课教师开始关注教学过程，进行本位思考，不再当旁观者。本次活动，听课老师们交流研讨的主题高度统一，听课老师们的反思主动深入，校本研修的成果也通过教师撰写的文章及时显现出来。

在老师们零散提出的问题中，一些具有统领性的问题往往会引起集体的共鸣，引发主题交流。在交流研讨中，每一位老师结合自己的实际教学，把问题迁移到同类问题的解决上；也可以介绍自己的一些不同处理方式；不断地对话，可能碰撞出一致的观点，也可能出现相悖的局面。不管是哪一种情形，老师们都在主动思考，主动交流，主动成长。问题引路，成长之路更顺畅！

 **策略与建议**

1. 课堂研究要贴近教师实际需要

提高教学质量的主阵地是课堂，研究课堂要从需要入手。老师们平时的教学负担不轻，我们的课堂研究不能是无效的"增负"，要紧贴老师们教学的实际需要，这样才能为老师们所接受、喜欢、认同。

2. 聚焦于问题是课堂研究的一种有效路径

有问题抓手，有课前的思考，有课堂观察的实际佐证，研讨时，就能有的放矢，发言集中，避免弥散开去说套话，最终一无所获的现象出现，而能句句切中问题实质，进行深入的分析，使得大家都能有收获，受启迪。

3. 从听课评课走向观课议课

观课比听课有优势：观课是有目的地去发现一些什么，有自己观察的计划、任务和观察方法。议课比评课有优势：评课侧重于听课者对执教者的课发表看法和建议，执教者是被动地听别人的意见，即使不对，也只有听的权利，评课是单向的交流；而议课是双向的交流，是执教者和听课者就某些问题与大家交流看法，可以争论，可以反驳，可以评价。

有效的课堂研究是提高质量的关键所在，也是推动教师专业自主成长的助推器。希望我们能聚焦于课堂，抓住问题，改变研究方式，从传统的听课评课走向观课议课，从问题突破踏上课堂研究的新路！

（南京市建邺实验小学　范玲玲）

三、校本研修形式的实践与思考

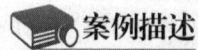 **案例描述**

场景1

一次外出听课，正听到精彩之处，突然一个声音传入耳中："好了，这节课结束了！"怎么回事？这节课刚开始怎么就结束了？李主任转头看去，原来是一个年轻教师将活动手册上的教学设计直接抄到了教案中，便开始批改起带来的一叠作业……真是让人哭笑不得，到底应该用什么词来形容眼前的这个年轻教师呢？说他不认真吧，人家还认认真真地辛苦批改着作业；说他认真吧，毕竟这是一个大型教学展示活动，大老远地赶过来，就是为了批改作业吗？

场景2

一日在校园里巡查，李主任偶见几位老师正在"争吵"，她心里"咯噔"一下，不由得想：这所才开办不久的学校，老师之间怎么能出现矛盾呢？于是，她加快脚步，连走带跑地赶过去。见主任过来，一位老师连忙把她拉过去说："你来得正好，你看这道题是不是有争议？"李主任接过题目仔细看起来……

一块石头落地，原来老师们是在争论教学问题！

场景3

带着一点期待和几许好奇，李主任踏进了南京市育英第二外国语学校，参与了一场具有前瞻性的校本研修模式汇报活动——"主题引领·五段互动"。一到会场，她顿时被眼前的新颖、大气所吸引，原本作为数学老师参与语文的教研活动，就未曾想过会有多少收获，但现场的气氛却不容李主任置身事外。大家细细倾听专家精彩的主题讲座，领略上课教师的游刃有余，评读一篇篇发自内心的研修反思，尤其是现场的QQ互动评课，更打破了以往教师面对面评课的尴尬，所有参与者都毫无保留地有感而发，或赞美，或建议，没有一点隐藏……这一个

个环节带给人的,除了深深的触动之外,更多的是无止境的思考……

 **案例分析**

几个场景交替出现在李主任的脑中,这其中有什么联系吗?

场景1说明,没有参与的研修、被动的研修,是毫无效果的。场景2说明,有效的校本研修不一定拘泥于形式,想想平时老师工作那么多、任务那么重,但是在遇到急需解决的问题时也会自发地进行辩论。这种不拘泥于形式,没有预定时间的研讨,其实也是教研的一种特殊形式,从某种意义上看,这样的"研"反而更实用。这也说明教师在实际教学过程中会有疑问产生,教"研"是必不可少的。可事实上,有不少老师不太愿意参与教研活动,或者像场景1中描述的一样,只是为了完成规定的任务,不得已而参与活动,回来之后依然是用自己的一套方式教学,毫无改变,更不要说参与校内教研活动的积极性了。场景3充分说明,精心设计、优化形式的研修才有效。

策略与建议

如何开展有效的校本研修呢?

李主任在调研的基础上,选择了"课题引领下的校本研修"这种模式来开展学校的校本研修活动。

首先,结合本学期学校总的校本课题,要求各教研组分别确定自己组内的研究课题,展开各组子课题的研究,同时也鼓励每位教师确立自己的个人研究课题,并要求年轻教师人人有课题(市区级课题不能立项的教师,转为校级课题)。这种课题引领下的教研,可以促使教师带课题进课堂,遇到学生的问题不只是简单埋怨,而是不断询问,相互探讨,自发翻阅相关资料,学习相关理论知识,科学、理智地分析问题,反思自己的教学,找出问题的根源,通过动态的观察、分析、比较,科学地选择训练学生的方法。

其次,探讨有效的校本研修形式。如何开展基于课题引领之下的校本研修呢？李主任认为，应将课题与课堂有效区分、有机结合，走出课堂看课堂；以教师的实际需求为起点，不断丰富校本研修的组织形式和活动内涵，科学设计、精心准备，客观分析与总结，从而真正促进教师的专业成长。下面介绍李主任所在学校的一些具体的操作方法和措施。

1. **论坛交流，解困惑**

这种研修形式主要是让教研的内容更具有针对性，有效解决教师目前急需解决的问题。

活动之前，组织者应制订详细的活动规划，合理分配任务。各教研组负责人收集老师们的困惑以及研究中的问题，结合本组的课题将教师提交的问题进行分类，根据问题的轻重缓急，筛选问题、整理提炼，然后有针对性地将这些内容设计成各教研组论坛的主题。论坛的主题必须精心挑选后再确定，这也是论坛是否有实效的关键；这些研究的主题必须是来自教师平时的困惑、盲区，是所有教师急需解决的问题，这样教师的积极性才会明显提高。

学校经过一段时间的实验，发现这一形式很受教师欢迎，无论是年轻教师还是工作多年的老教师，都很喜欢这样的形式，尤其是数学组。该组的活动有很多次超过了学校规定的时间，老师们都不想离开，甚至教研组组长宣布活动结束了，还有不少教师，尤其是刚刚工作不久的年轻教师，拉着一些有经验的教师不断询问自己在课题研究过程中和平时教学过程中遇到的困惑，寻求解决的办法。

2. **课例研讨，重实效**

这种研修形式主要是让每次的活动更有实效，让老师们在有限的教研时间内能有更多的收获。活动的组织者要想使每次活动都达到预期的效果，必须提前做好活动前的一系列准备工作，包括课例的选定、执教者和研讨模式的确立等。

为了让教研活动落到实处，又不增加老师们的负担，学校将原本规定的每位老师每学期至少上一节校内教研课，改成每组每月打造一堂精品课。各教研组活动围绕学校的研究课题开展，每次教研活动要有完整的过程：理论学习、资料收集、说课、"磨课"、上课、反思提升等。这样一节完整的研讨课流程即为：定课题—各自撰写教案—集中研讨—选择上课人员—上课—评课—上交评课稿。改革后，原本教研中的三言两语，变成了辩论会，大家在争论中碰撞出了思维的火花。因为每一节课上课前，大家都经历了说课、"磨课"的过程，故而对本课的重难点也能准确把握，大家拿着之前自己设计的教案来听课，更具有针对性，听课时也更能产生共鸣。这样的"研"才是真教研。这学期，学校准备在此基础上尝试让一位老师先上课，随即评课，下午和第二天再换其他老师整合大家的意见，用同样的课件，修改后继续上课，也就是"一课三磨"。

当然，这种课例研讨式的教研形式还可以根据需要经常变换，比如，模拟课堂，即由一位教师展示教学设计的全过程，其余教师当学生，这样的形式可以让教师互动起来，而且也避免了教师没有准备好轻易走进课堂"试上"，对试上班级学生知识点讲授不清，同时节约了不少时间，操作起来也比较简单。这样的形式一般在"展示课"试上之前是比较好的。又如，视频剖析，即对某位教师的课堂教学视频进行节选，让教师先观看，然后剖析。这种用教师自己的视频来研讨，与观看名师的视频是完全不一样的，尤其是执教老师站在一个旁观者的立场去看自己的课堂，会有意想不到的收获。

3. 网络教研，促思辨

随着科技的日益发展，对"网络教研"这个名词，大家早已不陌生。何为网络教研？就是以计算机和网络为支撑，以探究学习、交流研讨为主要学习方式的教研活动。网络教研所采用的载体有博客、论坛、专业网站、QQ、留言板、电子邮件等。这种研修形式，不受时间和地点的限制。与传统的教研形式相比，网络教研有不少优势。网络教研不受时间和人数的限制，不受年级组和学科组的限制，所有教师都可以发表意见，且信息容量大，交流范围广，氛围轻松，发言顾虑少。同时，网上交流，教师减少了面对面交谈时的心理压力，各个层次的教师都能比较轻松地发表自己的看法，并得到多位教师的指导。目前，学校已经操作起来的主要还是QQ论坛式。即教研组负责人组织教师在规定的时间内同时坐到电脑前,然后在群内有目的地抛出一个事先准备好的问题,所有教师发表言论,各抒己见。这样的教研形式虽然有很多优点,但是,由于各种条件的制约,操作起来比较有难度,目前对于这一形式的推广还在逐步思考中。

4. 跟岗听课,诊病因

这种研修的形式比较适合新教师的成长,由于是连续几天跟岗观察,能够清晰地诊断出教师课堂教学中问题的根源所在,从而进行针对性的指导,让新教师尽快入轨。执教者因为接受的是一对一的指导,成长起来也很迅速。

对于刚刚创办不久的学校,每年都有新教师加入,这个"新教师",不仅是指刚踏上教师岗位的老师,也包括从其他学校调入的老师。如何能让这些教师尽快了解学校文化,了解学校目前的课堂教学研究模式,快速融入学校,是学校急需解决的问题。因为这个原因,"跟岗听课"应运而生。为了使这项工作落到实处,学校成立了跟岗听课小组,对学校的新进教师或课堂教学薄弱的教师进行跟岗听课。听课者不仅要对执教者的课进行剖析、一对一的指导,还要上交书面分析材料;执教者不仅要虚心听取听课者的指导意见,还要及时调整自己的教学方法、思路等;尤其是跟岗听课结束后的反思,让每一位被听课者的能力都有大幅度的提升。当然,这种教研形式对跟岗听课小组成员的要求比较高,这样的活动还在逐步完善中。

5. 自查互查,激内驱

这种研修的形式,其实是让教师进行自我横向比较,从而发现自己的不足,激发教师的主动性,借鉴别人好的做法,同时也减轻了行政检查教学常规的负担。

对于对教师各项教学常规的检查,李主任一直感到很困惑。如果对教师的教案、作业、听课等存在的问题不留情面地一一指出,容易让教师产生抵触情绪,进而影响后面工作的开展;如果简单含糊地结束,不仅会影响正常的教学效果,还会使一些原本认真的教师心生不平。

然而,一件小事却启发了李主任。一次,徒弟突然跑来听她的课。她正在讲评作业，就对徒弟说："明天来听吧，今天我主要是分析错题……""师傅，我其实除了听课之外，更想学的就是你平时的辅导、备课、作业批改等一些常规工作！"李主任哑然，可随即一想，近几年教师招聘面向的不仅仅是师范院校的学生，很多非师范类院校的学生也进入了教师队伍，他们缺少的并不是理论知识，而是这些看似平常的教学常规。

于是，李主任大胆地将常规检查形式加以修改，补充到教研组活动内，每月进行一次教学常规自查互查活动。活动中，教师们通过翻阅其他教师的教案和作业，随机将看到的好的做法悄悄记录在笔记上。李主任看在眼里，喜在心里，这难道不比5次、10次甚至更多次的常规检查更有效？毕竟，检查反馈不是最终的目的，目的是希望老师们能够改进教学常规中的不足，从而更好地促进课堂教学。这样的常规检查小改革，不仅让大家相互学习，还有意想不到的收获。老师们为了让自己班的作业、自己的教案本及听课本得到认可，自发地认真备课，精选作业，撰写听课反思。这种教研形式一改之前反馈时，"老师难过一时，过后忘得一干二净，之后又依然如故"的现象。

6. 各项竞赛，展风采

这样的研修形式，不仅为教师搭建了展示的平台，同时也为今后教师参加各类竞赛奠定了基础。教师通过平时的历练，教学基本功日益扎实。学校充分利用青年教师教学竞赛和教学展示活动，为老师们搭建成长的舞台；活动过程模拟市区级的赛课形式，让教师经历提前三天抽课题—各自备课做课件—上课—反思说课的全过程；竞赛成绩优秀的教师也将成为学校教学展示的成员之一，同时进行展示的教师也是市区级比赛重点推荐人选。在课堂教学竞赛的基础上，逐步将市区级骨干教师评选要求纳入考核，比如，把现场备课、说课以及粉笔字、钢笔字竞赛等纳入教研活动中，让每一位教师时刻做好准备。

总之，教研活动不能拘泥于形式。我们认为，无论哪种形式的教研，都离不开"反思"这一环节。美国心理学家波斯纳曾提出，教师的成长公式为"经验+反思=成长"；我国心理学家林崇德也曾提出，"优秀教师=教学过程+反思"。教研要因惑而思,因思而研,这样,教师"研"后才能有收获。只要我们管理者用心去寻找教师真正的困惑,想教师之所想,用不断创新的形式吸引教师,增强教师参与的兴趣,那么,每一次教研活动都将使教师的思维火花迸发,都将是教师的一次成长与蜕变!

(南京市浦口区实验学校　潘霄燕)

四、"卷入"式校本研修的实践

案例描述

笔者策划并主持了一场以"基于数据引领下的教师发展"为主题的校本研修专题活动。活动开展前,作为策划者,笔者首先制订了活动方案,确定了活动的主题、活动的形式、参与的人员;接着,笔者组织四年级数学组教师设计三个方面的观察量表,量表的设计大约花了一周时间;然后,进行人员分工,研修课例是由学校一位青年教师执教的四年级上册《四则混合运算练习题》一课。同时,把观课教师分为五组,分别是学生应答观察组、教师提问观察组、练习设计观察组、教研团队三人行以及特邀的两位专家。本次活动还邀请了南京市兄弟区学校部分分管校本研修工作的管理者参与。

课例教学之后，上课教师就研课过程中的思考进行交流；各观察组聚焦于课堂观察的内容反馈学生的信息，激发大家对问题的思考；观摩活动的各校分管校本研修工作的所有管理者也在现场选择感兴趣的观察点统计、分析，与我校教研团队进行现场互动；教研专家们即时点评。

在现场研讨的过程中，根据观课的统计、分析，教师们在议课时提出了一些有价值的问题，也生发了观点的争锋、智慧的碰撞。例如，一节课的完整性重要，还是课上学生生成的问题重要？课堂发言率到底多少比较合适？

对于这两个问题，先是观察组成员之间进行讨论，然后参与观摩活动的老师也陆续发言，最后专家点评。这样就形成了台上台下、执教者与观摩者之间的对话和争辩。研讨气氛非常热烈，效果也很好。

案例分析

笔者会同学校发展部的数据研究中心对我校数学教师做了一项教学调查，在大量调查、分析、统计的基础上，发现教师们对课堂中"教师提问""学生应答""练习设计"等方面的问题很感兴趣，对于如何做好也存在困惑。为了帮助数学教师解决这些问题，笔者组织开展了一次"卷入式"校本研修活动，并将这次"卷入式"校本研修的主题定为"基于数据引领下的教师发展"。研修时，笔者组织设计了三张课堂观察量表，让教师以"卷入式"的研修方式观察课例、聚焦于问题，在数据观察、互动研讨中进行思考和交流，不断地追问、审视，探究教育的真问题和新方向。

作为校本研修的组织者和管理者，我们不仅要关注活动的目标达成情况，更应该深刻分析这种基于数据观察手段的"卷入式"研修，其实践借鉴价值和需要不断改进的地方。

笔者认为，值得借鉴之处有以下几方面。

1. 校本研修应从教师的需求出发

只有从教师的需求出发，才能真正调动教师参与研修的积极性，让教师真正地"卷入"。本次研修活动，来自学校对全体数学教师的调查和分析，在此基础上，确定了教师感兴趣的话题，所以，这是一次基于教师需求的校本研修，而且是在数据引领下开展的活动，必定有成效。

2. 校本研修要全员"卷入式"参与

这是一场全员"卷入式"的校本研修活动，是以学校教师为研修对象的研修活动。不仅如此，本次活动还进行了校际之间教研组的联合，关注问题，全员参加，全程"卷入"，开展了"课例研究—现场互动—反思跟进"的系列活动，促进了教师的专业发展。

基于数据观察的"卷入式"教研活动的尝试与体验，是一种现场感十足的互动教研活动，拉近了上课教师、听课教师、专家以及所有与会者之间的距离。"卷入"带来的体验远比旁观、旁听来得更丰富、更实在、更深刻。

3. 校本研修需要精心策划、统筹安排、有效实施

笔者在策划教研方案时，有调查数据的支撑；在活动开展前，有筹备，有集体研究，有组织分析，并制订了三份课堂观察量表，三份量表其实就是教师关心的三个问题；在活动安排上，设置了五个观摩小组，每个小组任务明确；在实施的过程中，笔者亲自主持。作为活动的主持者，必须要经历活动的全过程，与在场的教师互动，感情互通、心理互容。老师们的研讨很热烈，时而以观察数据说话，时而生成新的问题，时而进行质辩。这样研讨才会有思维的碰撞，火花的迸发。

策略与建议

此次研修活动得到与会教师的高度评价，但我们仍然需要思考：哪些环节还要调整和改进？笔者认为，在进行研修活动的顶层架构、活动设计和现场组织时，结合研修现场的团队研讨、专家建议，活动后续的师生访谈、量表统计，还要从以下三方面加以关注与调整。

1. 量表改进关注人文

基于数据观察的研讨活动，让校本研修充满活力，教师们有着积极的互动和深入的研讨，在数据分析基础上的研讨更为客观、更为深刻。数据让我们的思维聚焦，大家反思、追问、审视、碰撞、交流、分享，从而让校本研修向纵深发展。

但是，课堂观察量表还需要进一步改进，将"学生应答"调整为"学生理答"或"学生表达"，观察学生的问题思考、主动表达、情感体验等。"课堂提问"中，一些非语言性的提问也可纳入我们的观察，一些数据之外的表现也可作为补充。对于"练习设计"，我们还可以更关注练习的针对性、层次性、开放性、实践性、创造性。作为校本研修的管理者，不仅要观察课堂的数据，还要努力分析数据背后的思想与本质。

2. 讨论现场关注细节

活动结束后，我们对参与教师进行了访谈，他们的感受是：全程一直在思考，在经历头脑风暴，这种现场感十足的互动教研拉近了所有参与教师之间的距离，"卷入"式的研讨是对话式的，不断地思考，生成新的观点，不断地补充、优化。

这次研修安排了五个维度的观察研讨。现场的团队观察与研讨都很热烈，但有一个环节没有跟上现场的节奏，活动之前邀请了几位成员做现场教师发言的观察，但现场没来得及汇总。最后的观察数据是：参加议课研讨的教师一共24人，其中主动发言的有20人，发言率为83.3%；发言次数为36人次，每人平均1.5次。后来又有4人是主持人递了话筒给他们，让他们也发了言，整场研讨最终发言率是100%。这个环节给我们的启发是，作为活动策划者，考虑问题还应更全面，更细化，只有准备充分了，生成才会精彩。

3. 分组微调关注全局

全员观察，多维观察，让校本研修更加立体，更加丰富。在这次研修活动中，对课堂观察进行分组本着两个原则：一是自主选择，组间微调；二是年段分开，实力均衡。具体操作方法为：先确定组长，由几位骨干教师作为组长,根据自己感兴趣的研究点选择观察量表进行研究;然后,学校所有数学教师作为组员全员参与,自主选择相应的观察组。选择组别的时候要注意两点:一是高、中、低三个年段要协调,尽量每组都有不同年段的教师;二是骨干教师与年轻教师要协调,组间教师的整体实力要相当。经过实践,教师们参与研讨的积极性很高,都"卷入"思考了,但是最后发言的4人基本集中在一个组。今后,对于教师的分组,还要考虑组员的特点,做到整体均衡。

经历过程本身就是一种收获。这样的"卷入"式校本研修,让所有参与的教师把自己真正放在一个研究者的位置,用一种平常的心态来进行课例研究,让观课议课更加真实,让研修的体验更加深刻,从而促进了教师的拔节向上、不断生长。

(南京市金陵汇文学校小学部 陈馨)

五、合作体验式教师培训案例与思考

案例描述

【镜头1】形成小组

下午3点40分,老师们陆续走进教室,抽签分组。第一次用这种形式来分组,老师们还不太习惯,但很快,就按组号入座了。虽然是随机分组,但是年龄、性别、学科还是很均衡的,为本次体验式培训的顺利进行提供了保障。

【镜头2】选出组长

首先要求每人在心中想好组长人选,并举起食指,在主持人喊"一、二、三"后将食指指向心目中的组长人选。这

一环节，场面很热闹，选择组长的过程让小组成员有了第一次互动，整个教室的气氛一下子活跃起来。第一组选的是组中唯一的小伙子 zm 老师，第二组选的是非常活跃的 fz 老师，第三组可能是受到请"年龄最小的组员将小组成员名字写在桌卡上"的要求提示，选择了本组年龄最大的 wy 老师做了组长，第四、五两组选择的是语文、英语教研组组长 gq 老师和 cx 老师，这两位已经是第二次担任组长一职了。

【镜头3】合作讨论

学习了15分钟《透视课堂》一书中的相关理论后，主持人出示"合作学习给我们课堂带来的改变和挑战"这个题目，给每位老师5分钟的独立思考时间，要求在卡片上写出自己的想法，然后小组开始交流。第一组组员能认真回顾、反思、书写，最先开始了交流和讨论。交流时的声音不大，其他人必须头向前倾，方可以听到。交流中，组员能自觉发表观点，主题明确，只是无人涉及"挑战"这一话题。第二组的组长对合作学习的要求不明确，在个人独立思考时不断询问其他组员，而其他组员则比较认真。组内交流时，在一人发言的过程中，有组员插话现象，组长没有及时行使组织之责，认真倾听做得不够。第三组的个人思考时间比较长，没有交流讨论就进入了下一个"学习成果汇报单"制作环节。第四组在交流时有部分组员分神了，组长没有及时行使权力将大家都统一到交流任务中再开始。第五组在交流讨论时成员间互相倾听，还有眼神的交流、点头表示赞同等，在听组员观点时能及时质疑，尤其是组长在组员说得不够全面时提出了疑问。

【镜头4】完成汇报单

在小组合作完成学习成果汇报单的过程中，每一组都很投入，目标一致，积极合作，组员互补，出谋划策。

五个组的标题分别是："合作学习潜在优势""！or？""合作飘香，处处绽放""用心合作""改变旧观念，迎接新挑战"。

第一、二、四、五组均采用剪贴的方式。为了使版面生动,第一组除画图外,还用折纸对版面进行了美化。但是,汇报单上没有组员姓名,对于如何分工也没有体现。第二组每一个组员都完成得很认真,上面都有署名。zym老师的汇报分改变和挑战两部分,十分清楚。小组成果汇报

单右上角有分工说明,体现了小组成员的分工合作。第四组每一个组员的思考都很充分,汇报单也很精美,特别是他们的署名上都画上了一个心形,与"用心合作"的主题相切合,而且组员分工也得到充分体现。第五组的版面很清新,创意之处是用上了分组所抽的签,贴在汇报单的左上角。标题符合题意,很响亮。但对于本组如何分工不是很明确。从反馈单可见,这组lx老师的想法比较深入,但是个别组员写得过于简单,可能是在独立思考时没及时将自己的想法记录下来。

第三组比较特别,没有采用剪贴的形式,而是以写写画画的形式完成的。版面很新颖,一朵大梅花,五个花瓣上浓缩了五个组员的智慧,总结了"准备""情感""品质""设计""效率"五个关键词。可能由于时间仓促,文字显得单薄,还值得推敲,五个关键词之间缺少逻辑关系,让汇报单离文质兼美的要求还有一定距离。第三组与第一组一样,缺少组员姓名,对于分工情况也没有说明。

在要求每组说一句口号时,第一组说"团结就是力量",可能是基于合作完成任务的体会;第二组说"合作才是硬道理";第三组说"手拉手心连心,合作路上用我真心",与汇报单的主题相应和;第四组、第五组说的就是他们汇报单的主题"用心合作"和"改变旧观念,迎接新挑战"。

最终,第五组因为标题"改变旧观念,迎接新挑战"恰当又响亮,获得了最佳作品奖。组员每人获得巧克力一块。

【镜头 5】小组推优

在让小组推选"最佳贡献奖"时,每一组都很快有了结果,并冠上名称,很好地说明了获奖理由。第一组 zm 老师,青春活力奖;第二组 fz 老师,最佳组织奖;第三组 zc 老师,任劳任怨奖;第四组 zx 老师,心灵手巧奖;第五组 lx 老师,智慧达人奖。每组的"最佳贡献奖"获奖者也获得巧克力一块,获奖者主动与组员进行了分享。

案例分析

作为学校管理者,我们要思考这样的问题:教师培训该培训些什么内容?应该采取怎样的形式?如何才能提高培训实效?教育教学理论的学习固然重要,但知识的获得相对便捷、简单,教师个人也可以独立完成,而且采用宣讲这种缺少交流和互动的学习方式,依据对学习获取方式的研究,只有 5%的信息可以留在教师头脑中,况且还必须努力实践,方能转化为教育行为,这对教师的影响真可谓微乎其微。

体验式培训是有力量、有效且具影响力的培训方式。在 20 世纪初的德国,在没有多少人怀疑捧读教科书和课堂授课的教学模式时,曾在牛津大学学习的教师科翰(Kurt Hahn)忽然向自己发问:有没有更好的方式,让教育更丰富?科翰觉得,这如同学游泳、学脚踏车,因为经验来自亲身体验,会深刻得终身不忘。

本学期,学校集教研、科研、培训为一体,开展了小班合作学习研究,在相关培训中,以启发潜能教育的"尊重、信任、乐观、关怀和刻意安排"理念为指引,合作学习体验式教师培训应运而生。这种培训有效地激发了教师学习的热情和参与实践研究的激情,通过实践体验、合作交流,取得了良好的培训效果。

下面分别对每个环节做具体分析。

形成小组环节 小组形成方式的改变带给教师新鲜感,让他们对接下来的培训充满期待。但临时组成的小组没有团队承诺，团队凝聚力也不够，必须用其他方式予以弥补。

选出组长环节　组长在小组学习中的作用很大。"自己的组长自己选"这一过程促进了组员间的交流，利于团队的形成，增强了团队凝聚力。在小组合作学习中，组长面临的挑战比较大，容易出现畏难情绪。有一个组长说："我最怕干这个。"主持人予以支持和指导，帮助组长获得成功的体验很有必要。教师在体验式培训中获得的经验将有效迁移到他们对儿童合作学习的指导上，这让他们对小组组长管理风格和小组合作学习效果之间的关系有了更清晰的认识。

合作讨论环节　以上信息的获得并不是来自主持人一个人的观察，而是在每组刻意安排了一名观察员对教师合作完成学习任务的情况进行细致观察所得。所有合作学习必须基于个人的独立学习和思考，从观察中可以发现，同一个合作任务在不同小组的落实情况还是有所不同。加强对组长的培养，并充分发挥其在小组中的积极作用，很有必要。培训组织者针对每一个组的不同情况予以切实的关照、指导尤为重要。

完成汇报单环节　这个环节大约用时10分钟，老师们热衷于动手操作项目，整个合作过程十分愉快，汇报单的呈现方式比较令人满意。但是，我们也在思考，这样的成果呈现方式是否会让老师们只重视汇报单的形式，还不能真正促进他们对学习主题的实质思考。评优过程很好，有效推动了小组合作学习，让每一个组员都积极参与，投入其中，强化了学习效果。

小组推优环节　这样的推优环节既是对本次小组合作学习情况的总结，又促进了每一个人在小组合作中发挥作用，对下一次的小组合作学习产生了积极的影响。

如果说上一次由学校教科室主任组织的小组合作学习交流体验活动更注重小组成员的明确分工，那么本次体验式培训则渗透了推选组长、基于独立思考的合作学习、合作完成成果汇报单、实施积极评价等策略。

在每个教师填写的"合作体验式培训过程评价单"上,老师们用"团结""协作""愉快""收获"等词来概括本次体验式培训,他们已在期待下一次更精彩、更有实效的体验式培训活动了。

从案例中的几个镜头不难看出,转换角度,开展合作体验式的教师培训,使得教师培训工作一改往日严肃的风格,让我们看到了不一样的培训组织形式,不一样的培训氛围,不一样的培训效果。

策略与建议

1. 目标:由单一走向多元

我们的培训必须为教师的教育教学理论转化为教育行为搭建桥梁。"纸上得来终觉浅,绝知此事要躬行。"合作体验式培训可以发挥其独特的优势,培训目标更为多元,既有教育教学理论的学习,知识、经验的传递,又注重教师的体悟、习得,在合作交流中也培养了教师的策划组织、沟通交往、捕捉信息、概括表达等能力。

我们都知道,教师的学习方式对其教育方式有很大的影响,在传统班级授课制讲授式教学中成长起来的教师要在自主探究、合作学习的理念指导下开展课堂教学,组织儿童开展小组合作学习,是需要大量的学习和教育实践的。而这样的合作体验式培训让教师获得了更为鲜活的学习体验,他们从主持人的刻意安排中可以得到很多有益的启发,从观察员客观、全面的观察中,获得了很多有效的信息,便于调整和改进自己,从而获得成长和进步。

2. 角色:变聆听者为参与者

在合作体验式培训中,教师一改往日被动聆听,变为培训活动积极的参与者、学习的合作者。为了提高每一位教师的参与度,在不同内容的培训中都注意"刻意安排",让每一位教师都动手动脑,参与其中。为了促进合作,通过形成团队、增强团队凝聚力、培养领导者、合理分工、团队竞赛等方法,让合作学习更加有效。受训者们"动"起来了,合作共进,培训实效也大大提高了。

　　培训的场景往往是模拟课堂或教育现场进行的，教师在培训中可以充分体验学生的角色，加强了对学生学习心理和学习过程的理解和认同。每一次参与体验式培训的教师的角色也不是一成不变的。有时我们的普通教师也会走上讲台，成为培训活动的主持人；有时教师在体验式培训中担任观察员，记录培训活动的组织情况和教师参与状况，让自己在冷静、客观的观察中有不一样的体验和收获；有时教师只是一名普通的小组成员；有时教师又会担任组长、记录员或汇报员等。不同的角色分工加深了教师的认识，教师们也形成了合力，培训效果明显增强。

3. 氛围：从平静到热烈

　　学习的气氛对学习有很大的影响，合作体验式培训中所呈现出的和谐、热烈的氛围让面对繁杂教育教学工作的老师们视培训为一种期待和享受。培训使教师处于一种相互支持的学习环境中，没有等级之分，只有鼓励，这种气氛有利于学习。小组成员在学习过程中团结合作，互相依赖，互相帮助，通过友好合作方式解决学习中的难题，加强了广大教师间的沟通交流，将教师更为紧密地联系在一起。除了组织相关培训内容，教师间智慧的碰撞和共享，让培训过程更为丰满，让教师收获更大。

4. 评价：从缺失到积极

　　传统的培训大多没有反馈评价环节，让整个培训缺失了很关键的一环，而合作体验式培训非常注重反馈和评价。因为互动频繁，眼神、语言间的肯定和鼓励就是一种及时的评价，成为整个培训中非常可贵的声音和图像，让培训充满了情感的温度。组间评比、小组推优等评价策略的有效运用，对本次培训乃至以后的培训都起到了很好的促进作用。通过填写"合作体验式培训过程评价单"，教师对整个培训活动予以的中肯评价和积极的理性反思，为后续培训提供了宝贵的经验。积极评价有效激发了教师的自我效能感，大大提高了教师的效能期望。

　　合作体验式教师培训，增强了教师学习的动机，唤起了教师学习的情感，加强了教师的合作交流，有效激发了教师的潜能。教师呈现出高涨的培训热情和良好的精神风貌。实践体验、合作交流，让教师培训工作成为校园中一道亮丽的风景。

（南京市月牙湖小学　韩璐）

六、教师的专业发展也需要"减负"

案例描述

与教师聊天，谈教师的专业发展，真心希望青年教师成长为优秀青年教师，中年教师争取评上学科教学带头人。但是，许多老师都说："没时间，我都累死了！下班回家第一件事就是在床上躺一会儿，然后起来烧饭、做事。"

我问："为什么这么累呢？"

"学校的事情太多，真的忙不过来了。从早上 7 点 40 分到学校，每天至少要上三节课吧，几套作业本要批改吧，中午要检查学生午休吧，又要上写字课、管困难班，学校领导三天两头要听课，总要准备吧，当班主任，学生的问题要处理吧，许多表格要填写吧。还有教师专业发展，需要上多少节公开课，上公开课就得准备吧，一堂公开课得用半个月的时间去准备，还有组内、校内教研活动以及区教研活动等，所有的教研活动不得不去，不参加就没有学时，继续教育验证就通不过。要参加区内这样的培训、那样的活动，还有课题，你总得做吧，否则评职称又少材料了。总之啊，天天是从进学校门，就开始头皮发麻，一直到下班，有时还要留几个后进生补补课吧。所以，在学校，几乎没有什么休息的时间。到家就睡倒在床上，也不想什么专业发展喽！"……

看来，我们不仅是要给学生"减负"，教师的专业发展也需要"减负"了。

 案例分析

本案例说明了现在教师工作和教师专业发展的现状，就一个字"忙"，两个字"很忙"，三个字"非常忙"！

仔细思考一下，我们的老师为什么这么忙呢？细想20世纪90年代初，我们刚工作的时候，好像还蛮轻松的，在学校还有时间看看书，参加自学考试，研究研究教材。现在呢？在学校，几乎没有空闲时间去学习、研究教材、研究学生、准备自己的专业发展。问题出在哪里呢？

（1）教研、科研、培训没能真正做到三位一体。这就导致业务指导部门过多。从专业发展的角度看，教师如果要应付的形式的东西多了，那么，他们有效的时间和精力就被分散了，这势必会影响教师静心教学、潜心钻研，也会妨碍教师真正地成长。

（2）社会对教师的要求普遍提高了。处于基础教育阶段的小学当然也承担了其中一部分要求，家长要求孩子不能输在起跑线上，对学校要求高，对教师要求也高。教师不仅要负责教学，教好书，而且要满足学生安全、教育上的需求等，社会上的许多高要求都压在了教师身上。其实，学校也会把社会的需求、上级的要求这些压力传导给教师，而且可能还会有所增加。

（3）学校在教师的专业发展上急于求成。学校可能要求教师把在专业发展上需要几年做完的事情在一学期内必须完成。比如，新教师刚工作时，要求一年成长，二年成熟，三年能够成才。学校可能就紧盯着这位教师的工作，经常检查。教师要教学，要当班主任，要学习，而且工作中还容易出错，学校的要求又高，新教师忙不过来，有时就偷偷流眼泪。如此一来，又怎么谈得上专业发展呢？

（4）检查、竞赛、活动等过多。过多的检查、竞赛、活动让教师忙得晕头转向，尽管也有助于教师的专业发展，但是实质上往往给教师增加了许多

负担。

天天说给学生"减负",那如何给教师"减负",给所谓的教师专业发展"减负"而不影响教师的专业成长呢?

 **策略与建议**

作为学校的管理者,可能需要思考,我们对教师的专业发展该采取什么措施?

1. 个体学习和集中培训相结合

对于教师专业发展中的学习,可以采取教师个体学习和学校集中培训相结合的方式,选择一定的内容,在每学期结束后或者开学前,对教师进行集中培训,其余的让教师自学,尽量采取集中学习的形式,不要浪费教师的时间,学就要有成效!

2. 分层要求,分期达标

对教师的专业发展提出分层次的要求:明确各种条件,何时要达到什么要求。学校对此进行相应的检查。比如,要求教师在三年内评"优秀青年教师",第一年写论文,第二年开展个人课题研究,第三年上公开课等,不用每学期都要求做到这三点,一学期重点而高质量地完成一个目标就可以,而且到时评选条件也就满足了。

3. 建立梯队,分段培养

学校要在教师专业发展上建立几个梯队,明确教师中能评市、区"优秀青年教师"、学科带头人的骨干团队。对于这些团队要进行分段培养,团队不同,要求也不同,以此给大家"减负",不求人人成为市级骨干,但求人人都能得到发展。

4. 一专多能,重点发展

这个措施主要是针对小学教师的特点而提出的。小学教师应该是普师,是通师,什么都要会,什么都要会教,但是不一定什么都是专业的。因此,根据这个特点,教师可以选择一门学科来发展,比如,既教语文也教品德学科的老师,可以选择语文学科参评学科带头人,也可以选择品德学科参评学科带头人。也就是说,虽然教师教授多门学科,但应该只抓住一门重点学科来发展自己,而不是要求在门门学科上都成为带头人,这样一来,也可以给教师的专业发展"减负"。

(南京师范大学附属中学新城小学　夏勇)

他山之石:我国台湾师资进修培训探微

校本研修是教导主任的主要工作内容之一。一个智慧的教导主任总是会走在教学研究和教学改革的前沿,引领着教师通过校本研修,不断提升团队的核心素养和凝聚力。本章列举了校本研修中的若干典型案例,旨在抛砖引玉。同时,我们对我国台湾的师资进修情况做了粗浅的了解和整理,希望能够让您产生共鸣,对您有所启迪。

一、师资进修培训有法可依

我国台湾对有关中小学教师进修有明确的法令,最主要的是《中小学教师在职进修研究办法》。此项办法对教师进修的方式、机构、实施时间、资格获取、奖励、服务、费用等均有规定。比如,其中第三条将教师在职进修方式分为进修学分,进修学位或资格,参加有关研习、实习、考察,从事有关研究、译著、创作,以及主管教育行政机关认可的其他有关进修方式等五种形式。

二、师资进修培训机构繁多

台湾办理教师在职进修任务或功能的机构繁多,开设一些课程提供给教师进行选择。这些机构大致包括以下几类。

①各类研习会（中心），比如，较著名的有台北市教师研习中心和"台湾国民学校教师研习会"等。

②各市立师范学院所开办的实习辅导室和进修部，当前，台湾地区共有9所市立师范学院，包括台东师范学院、台中师范学院、台北师范学院、台南师范学院等，在这些学院均设有实习辅导室和进修部以提供教师进修培训。

③师范大学所开办的进修部和中等学校教师研习中心。

④台湾教育学院开办的进修部。

⑤委托台湾政治大学办理的教育学分班。

三、师资进修培训分层管理

台湾在职教师进修培训分为短期与长期两种方式，短期为1周到4周不等，一次完成，长期分几个暑期或几个学年实施。师资进修培训类型共有三种：

（1）**小学教师在职进修培训**。其短期在职进修方式包括小学教育研究会短期研究和小学教育辅导团及师专辅导区的研究辅导两种。

小学教育研究会是为满足小学教师在职进修的需要而设立的常设机构，每年分期轮流培训小学校长、主任、教师及幼稚园教师，以新课程实验为重点。

小学教育辅导团由各县（市）部分小学的各科优秀教师组成，其职能有一点像我们的教研室或名师工作室。辅导团设学科领域召集人，叫作主任辅导教师，类似于我们的名师工作室的负责人，负责召集一些骨干教师，主持教学研究课题，并深入学校进行观课和送教等。辅导团是行政设置，属督导室管理。辅导团有经费支持，人员为教育管理部门聘任。但是，辅导团的教师为兼职，他们平时都在学校，利用业余时间参与辅导工作，其在学校发挥的作用有限。台湾的教师学习体，叫作教师专业学习社群。这个所谓社群，即按照学习和研究主题，邀约一些教师自愿参加，利用网络和活动，联系起来。这是一种自主学习和研究的机制，获得了教育管理部门的资助。

长期在职进修方式包括师专暑期及夜间部在职进修和师专附设师资训练班两种。师专暑期部普通师范科和师专夜间部二年制普通科是台湾小学教师进修的主要途径。

（2）**中学教师在职进修培训**。其短期在职进修培训主要由师范大学设立的中等学校教师研究中心承担。其长期在职进修方式，一是师范大学、师范学院夜间部进修，招收具有专科以上学历的现职中小学教师；二是研究所40个学分在职进修，招收具有学士学位的中学教师，学满40学分并且考试及格者可晋升及加薪；三是研究所硕士学位在职进修，带职带薪，获得硕士学位后，仍回原学校服务；四是台湾地区外进修。

（3）**高等学校教师在职进修培训**。此处不再详述。

四、师资进修培训课程多样

台湾的师资培训课程是菜单式服务。他们根据不同学校人员角色的需要预设课程，比如，作为校长需要的课程与作为教师需要的课程不同；同样是教师，不同的年龄段也有不同的需要；甚至作为学校的教辅人员，也需要不同的课程学习，也有针对性的培训设计。这些课程涉及的范围非常广泛，并不局限于学科。教师在网上可以根据自己的需要自选课程学习，只要修满学分就算合格。这样一来，教师参加培训的主动性和积极性都不同于按照指令和规定的学习。看得出，台湾教师的学识修养普遍较高，学校的多数教师具有研究生学历，包括很大比例是博士生，再加上有这样的持续选择的培训学习，就保证了教师的专业高素养。

（南京市方兴小学　朱培波）

第六章
教导主任与人际沟通

本章的主题是教导主任与人际沟通。首先介绍了什么是人际沟通，其次以流程图的方式呈现出教导主任人际沟通的五个方面，简明扼要地提炼出人际沟通的注意要点，并进行了阐述；接着，重点选择了教导主任在工作中与上级领导、下属教师、同级中层、学生家长、学生等不同角色进行人际沟通的典型案例，进行案例描述和分析，在问题剖析的基础上，提出了相应的沟通策略，以供读者参考。

（图片来源：百度图片）

沟通：就要从心开始，让对方懂你，你也要懂对方……

沟通：就是要倾听，要感受对方的感受，要平复对方的情绪……

沟通：就是鼓励别人，服务别人，成就别人……

人际沟通简介

一、什么是人际沟通

人际沟通一般指人与人之间的信息交流过程。其过程就是人们采用言语、书信、表情等方式彼此进行的事实、思想、意见、情感等方面的交流,以达到人与人之间对信息的共同理解和认识,取得相互之间的了解、信任,形成良好的人际关系,从而实现对行为的调节。(引自"百度百科")

相声表演艺术大师马三立先生说过一个单口相声《请客》:

有一个人委托甲,送了请柬,请乙、丙、丁吃饭。过了约定的时间,丁还是迟迟未至。

这个人着急了,一句话就顺口而出:"该来的怎么还不来?"乙听到这话,不高兴了:"看来我是不该来的。"于是就告辞了。这个人很后悔自己说错了话,连忙解释说:"不该走的怎么走了?"丙心想:"原来该走的是我。"于是也走了。这时候,甲对他说:"你真不会说话,把客人都气走了。"那人辩解说:"我说的又不是他们。"甲一听,心想:"这里只剩我一个人了,原来是说我啊!"他也生气地走了。

从这个小故事里,我们可以看到,沟通作为一个重要的人际交往技巧,在日常生活中的运用非常广泛,其影响也很大。人际沟通和交往能力是每个人处理人际关系时所展现出的为人处事的能力,这是人人都需要具备的。从这个意义上说,人际沟通和交往是具有普适性和共性的,可以说,人际矛盾产生的原因,大多数都可归于沟通不畅。

二、教导主任人际沟通与交往图

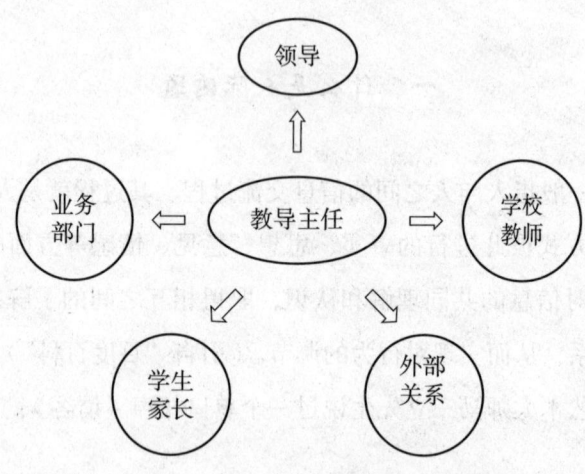

图 6-1　教导主任人际沟通与交往图

在学校日常工作中,教导主任需要与领导、业务部门、学生家长、教师等进行人际沟通和交往(如图 6-1 所示)。处理这些人际关系对提高管理水平具有重要的现实意义。只有理顺了人际关系,化解了人际矛盾,才能消除学校工作中的"内耗"因素,确保教育、教学任务的顺利完成。

宋代朱熹说:"中者,不偏不倚,无过不及之名。"如果用今天的观点来理解,就是:中,不能偏激,不能走极端;不愚忠,也不奸诈;不专横跋扈,也不低三下四;不为富不仁,也不人穷志短;不让天下人负我,我也不负天下人;不好高骛远,也不自暴自弃。这些对处于学校中层的教导主任,可能是一个很好的启示。教导主任处于学校的中层领导位置,上有校长,下有教师,中间还有同级领导,如果处理不好这些关系,就很难当好教导主任这个角色。教导主任要提升自己的素质和水平,必须要学会处理好各种关系。

三、人际沟通要领

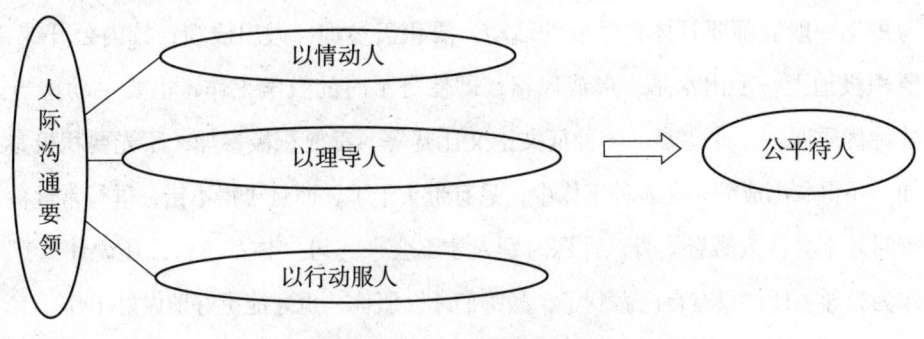

图 6-2　人际沟通要领示意图

具体阐述如下（如图 6-2 所示）。

（1）**以情动人**。"感人心者，莫先乎情"，事事处处要以尊重人、理解人、关心人为前提。

教导主任是处在学校校长和教师之间的中间角色，面临着复杂的人际交往问题。工作做得不好，会辜负校长的期望；工作太较真，又容易受到教师的埋怨。特别是平时的教务工作，需要老师们的配合，要麻烦老师们做很多事情，再加上各种检查也会"得罪"许多老师。高高在上只会受到老师们的排挤。那么如何处理好这复杂的人际关系呢？只有用情打动教师，平时和教师和睦相处，在生活中多交流，能帮忙的尽量帮忙，不要把自己当作领导，而要服务于人，说话时语气必须平和。

（2）**以理导人**。教师这个群体都是有知识、有文化的人，因此，在管理中，要注意以理导人。首先，教导主任要不断地修炼自己，使自己成长为教育教学方面有底蕴的行家，这样无论在校本研修工作还是日常工作管理中，都能说出许多道理来引导人；其次，教导主任要有规则意识，建章立制，让教师都在法理和情理之间，做好自己的工作。

教导主任只有融入教师这个集体，用自己的热情和活力感召他们，在关键时刻体谅他们，解决他们的问题，才能引领教师一道前行。

（3）**以行动服人**。要想要求别人，首先得让别人信服。对教导主任而言是这样，对所有人而言也是这样。作为教导主任，写教案，要写在老师们之前，写得比一般老师要具体；学校的活动，要积极参加，做出成绩；校内公开课，要积极地上，上出水平，形成风格，即使是平时的教学工作，也要主动担当；各种优质课创新课比赛、各种征文论文比赛等，都要积极参加，不光要积极参加，还得拿出成绩。在各种工作中，只有带头干了，而且干得不错，进行常规检查时才不会让人戳脊梁骨，评课时别人才不会来一句："你都不行，还说什么？"作为教导主任，只有自己做到了，教师们才会服你，也才能更好地做好工作。

（4）**公平待人**。营造一个工作面前人人平等的氛围。职位不同，地位平等；能力不同，权利平等；用人、评优、奖惩，体现"人人平等、公平竞争"；工作管理既要看结果，又要看过程，形成心平气顺、风清气正的良好工作局面。

人际沟通案例

一、他得到了教导主任如此的"帮助"

案例描述

林老师是一位工作不满两年的新教师。有一天，由于路途堵车，他整整迟到了半个小时才到校。巡查的教导处陈主任正在帮他看班。陈主任一直看着手表，等到林老师匆匆忙忙地来到班上，他当着全班学生的面问林老师："啊，你迟到了半个小时，为什么迟到啊？"林老师迟疑了一下回答说："陈主任好，等一会儿我再向您汇报好吗？"陈主任说："哦，小林，你在工作上有什么困难和问题可以及时告诉我，我一定会帮你解决的。"林老师说："知道了，谢谢您。"

这时候，陈主任为了帮助林老师，就转向坐在教室第三排的一个比较调皮的男生说："张小跳，我告诉你，你不要给林老师找麻烦，如果给林老师找麻烦，你一定会后悔的，我会时时刻刻注意你。"接着，陈主任又对全班学生说："各位同学，尽管林老师是新老师，但是，我希望你们在新老师面前要有良好的表现，请大家不要忘了哦！"

（图片来源：百度图片）

 **案例分析**

上述案例，说明了一位管理者在人际沟通方面的问题。主要包括：发现新教师在带班中迟到以后，如何与教师交流沟通，又如何与学生交流沟通。

表面上看，这位陈主任好像是在帮助林老师，你看他说的话："哦，小林，你在工作上有什么困难和问题可以及时告诉我，我一定会帮你解决的。""你不要给林老师找麻烦，如果给林老师找麻烦，你一定会后悔的。"……我们仔细分析一下陈主任和林老师以及学生的对话，就不难发现，对话中存在着如下问题。

首先，询问林老师迟到的原因，其实质就等于在说："我不认为你有迟到的正当理由。"如果陈主任认为林老师迟到是有正当理由的，就不会这样问了。其次，他对林老师说"你在工作上有什么困难和问题可以及时告诉我，我一定会帮你解决的"这话的深层意思是："林老师，你在这个班当班主任，我不相信你有能力带好这一班，我认为你教书有可能会有问题，你可能需要我们主任来帮助你。"

再看陈主任和学生讲的话：先是警告张小跳，给林老师找麻烦一定会后悔的。这句话的意思就是说："张小跳，你就是一个不守规矩的孩子，你是会经常给老师找麻烦的孩子！"又对全班学生说，希望他们在新老师面前有良好的表现。这句话的潜台词是:"我不相信你们会有良好的表现,我预料你们在新老师面前表现会很差。"

 **策略与建议**

1. 帮助新教师,要讲究方式方法

不满两年的新教师,在带班上肯定会存在一些问题,但是,作为教导主任,该如何指导与帮助新教师呢?

(1)**信任教师,尊重教师的隐私**。①要信任教师。教师们是不会随便迟到的,一般情况下,迟到肯定是有正当的理由的。本着这样的理念,就会相信教师,在交流时也会注意说话的分寸。②要尊重教师的隐私。不要当着学生的面让教师说出迟到的理由。教师迟到有自己的苦衷,当面揭开教师的隐私,这既让教师难堪,也会引起教师的反感。

(2)**给新教师信心,以激励为主**。交流沟通时,要从心理上让新教师觉得,你是在真诚地帮助他们,相信他们能带好班级,有能力处理问题,而不是让新教师觉得,你从内心就认为他们带不好班级。

梅奥等人际关系理论家认为,人是社会人,既有经济的需要,也有社会和心理的需要,如友谊、关心、尊重等。该理论要求,管理者要依靠人、尊重人、信任人、激发人。因此,尊重人、信任人,是管理者立足的基础。

(3)**讲究方法,不能有破坏性的帮助**。教导主任要帮助新教师,不能当着学生的面说"你有什么问题,我来帮助你"。这种帮助实质上就是让学生觉得他们的老师不行,需要教导主任的帮助才能解决问题。这样的帮助就是一种破坏性的帮助,管理者切忌给予教师破坏性的帮助。

2. 注意说话方式,特别注意自己的话语会对别人造成何种影响

作为教导主任,和新教师相比,你更成熟、有经验,是学校中层,因此,你说话的方式、说话的语气乃至语调,都会对新教师造成一定的影响。

新教师工作不满两年,他们需要教导主任说话时的鼓励,需要领导对他们的认可和肯定。特别是在学生面前，适度的肯定和表扬，有助于树立新教师在学生中的威信，从而有利于新教师管理好班级。即使是新教师犯了错误，只要不是故意而为之，或者是屡教不改，就不能当着学生的面去揭短、去批评，而是要维护好新教师的面子，让他们能够理直气壮地管理班级。

3. 与学生沟通时，要给予信心，不能贴标签

上述案例中的教导主任警告学生张小跳说："张小跳，我告诉你……如果给林老师找麻烦，你一定会后悔的，我会时时刻刻注意你。"这其实就是在贴标签，认为该学生就是一个会给老师添麻烦的孩子，所以，才会警告他！这样的暗示，长此下去，真的会让这个孩子变成一个问题孩子。美国著名心理学家罗森塔尔和雅格布森在小学教学上得到验证后提出，人们基于对某种情境的知觉而形成的期望或预言，会使该情境产生适应这一期望或预言的效应。这里说的就是暗示对孩子产生的影响，对一个孩子预测，一定要从好的方面去暗示他，这样他一定会成为一个好孩子。

接着，上述案例中的陈主任又对全班学生说："各位同学，尽管林老师是新老师，但是，我希望你们在新老师面前要有良好的表现，请大家不要忘了哦！"这句话，会让学生感到教导主任不相信他们会有良好的表现，也是一种不好的心理暗示。与学生的沟通，一定要注意：自己说的话会给学生造成伤害吗？会让学生没有信心吗？这是与学生沟通最基本的要求。

（南京市中华中学附属小学　孙韵）

二、"笨小孩"管理

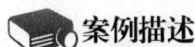
案例描述

我是一个"70后"的笨小孩，比李宗盛等人歌中唱的小孩笨得多。这里的"笨"当然不是指智商，而是指情商。我从小就不会察言观色，工作后也不会看领导脸色，不善于和同事拉关系，比较率性而为。按道理说，我这样的人不适合当领导干部，毋庸置疑，我走上中层岗位之后，肯定会因为"笨"而处处碰壁。

记得有一次，和我搭班的副校长因为临时有事，上课中途叫一个学生喊我去帮她把剩下的课上完。这还不是小事一桩？我立刻就进班了。可没过几分钟，正校长来找我，说，刚才还看到你坐在办公室，怎么跑班上来了？赶快上楼去上传一篇重要稿件。我一听，不假思索地实话实说了进班的原因。下午，副校长一脸铁青地来找我："你就那么死脑筋？差点把我卖了！"我一脸无辜地望着她，她只好无奈地笑着说："30多岁了吧？"副校长和我一样大，平时跟我很谈得来，对我的为人很了解，才会这么笑我，换成别的上司，一定会认为我居心叵测，使绊子害人呢。我一向是后知后觉的，得知事情的结果了，才意识到"我错了"，于是，我不禁叹道："唉！同样是属兔的，为什么做人的差距会那么大呢！"

后来，在我的顶头上司（教导处主任）的提点下，我才慢慢有了点长进。诸如行政会上当面反驳校长了，校长没表态，我就先大声赞成了等"悲剧"慢慢减少了，但并没有销声匿迹，正所谓"江山易改本性难移"呀！在多次挫折中，我也总结出了这样的几条准则，即要做到"三多三少"：多用耳和眼，少用嘴；多做事，少出头；多提案（建议），少提锤（让校长提锤定音）。在工作中，不该自己说的话，坚决不说，不该自己表态时不能乱表态。

我是"笨小孩"，傻人有傻福，我遇到的领导大多心胸开阔，不拘小节，把我身上的主干（真诚、坦荡、勤奋）全放在眼里，把我的枝枝蔓蔓（不会做人、不成熟）全都忽略不计，所以，像我这样的小中层非但没受到排挤，反而过得挺快乐。

案例分析

"笨小孩"并不笨！通过案例的描述，我们体会到这位年轻教导主任言语之外的成长经历。他对自己有了准确的工作定位，在和领导相处中展现出真诚、坦荡、勤奋。

他知道教导主任作为学校的中层管理者，对上负责，是职责所在。为领导分担风雨，让领导有时间想大事；为领导主动献策，当好校长的参谋。美国将军麦克阿瑟说过，人才好用不好使，奴才好使不好用，唯有人才加奴才堪可重用。这道出了上下级关系的真谛。

他知道教导主任作为学校的中层管理者，是一个为下属提供服务的"服务人员"，而不是所谓的"领导"。案例虽然没有提及他与一线老师的关系，但是从他和副校长的相处，从他快乐外溢的叙述中，我们也可以推测出他与老师们愉快相处的人际关系。中层能和群众水乳交融，作为上级的校长焉能不乐观其成，并助其一臂之力呢？

 策略与建议

1. 与上级沟通，要真诚、坦率，多建议，多提方法

本案例中的"笨小孩"，就是遵循了这样的规律，不去刻意奉承，不去溜须拍马，而是用自己的真诚和勤奋得到了上级的肯定。

2. 与上级沟通，要事先准备，选择可行的话题

回顾一下：自己的工作成绩如何？什么地方值得改进？上级最看重的是什么？这样思考后，在与领导沟通时，就可以明确自己的工作计划、工作重点、个人目标等，如此一来，就和领导有了共同话题，比如你的角色定位、你的职责、你工作的情况等，让领导看到你时刻都在考虑工作。

3. 与上级沟通，要多揽过，少邀功，体现出作为管理者应有的风范

个人的成败关键在情商，在人格魅力，因此，在与领导沟通时，不要过分宣扬自己的工作业绩，对于自己取得的成绩，要考虑到领导的指导、同事的协助、教师的努力；碰到问题时，要多考虑自己的过错，考虑是否全面等。这样为人处世，不仅会让上级领导看重你，也一定会让你在人际关系方面赢得一片天地。

（南师附中树人学校附属小学　吴芳芳）

三、教学常规检查，他的课得了 C 级

📖 案例描述

每学期开学初，区教师进修学校会组织一次全面的教育教学常规检查，其中有个很重要的环节是，全面深入课堂听课。为此，我们会在每学期开学初提醒全体教师做好充分的准备。

上学期开学初检查结束后，各位教研员向学校中层以上领导反馈了听课情况，他们对教师的教学水平给予了高度评价，同时也提出了一些中肯的建议。但是，语文教研员私下向我反映：某教师上课与备课情况不一致，而且明显没有提前备课，课后教研员与之交流时他还是一副无所谓的态度，所以只得了个最低的 C 级课。教研员在说这事的时候非常生气，最后告诉我，两周以后会再来听这位老师的课。我心想：又是这一根筋！（该老师家庭条件优越，且刚工作时与前任校长关系很僵，所以对工作一直抱着无所谓的态度，是个难缠的角儿。）

第二天，在全体教师会议上，我对某教师的做法进行了严厉的批评，但是没有点名。当我偶尔用余光扫视他时，却发现他仍然是一副漠然的表情，真是孺子不可教也！可是又不能放弃，怎么办呢？

会后我找到他，告诉他教研员过两周还要来听他的课时，他却冷冷地接过我的话头，不带一点温度地说："主任！你就别拿我这种人穷折腾了，我就这么个水平，下次来，我仍然这样上！"说完潇洒地头也不回地走了，留下了目瞪口呆的我在原地憋火。"向校长或分管教学校长汇报？"一瞬间，我心里有了这个念头，拿起电话后却迟迟不曾拨出去——解铃还需系铃人。我扪心自问：我真的了解这位老师吗？在全体会议上直接批评的方法对吗？平时我给予他更多的关注了吗……

想到他刚工作时与前任校长的不融洽，自然就想到了美国心理学家韦纳

的成败归因理论。韦纳认为，个人以后类似行为动机的强弱，取决于他对以前行为结果所做的归因解释。成败归因理论揭示了不同的归因结果对人的期望、情绪、动机、自信心、健康等方面的影响——当把成功归因于内在因素（如能力和努力）时，能够增强个体的自豪感和自信心，而把失败归因于内在因素则会降低个体的自信心，使个体面对挑战时容易放弃。

完全冷静下来以后，我采取了这样的步骤：第一，给双方一个冷静反思的时间，当天我不再找他谈话，也没向领导反映情况，以免激化矛盾。第二，作为教导主任，我认为更重要的是要引导该教师进行正确的归因，因为正确的归因有助于大家互相理解和接纳，而错误的归因却会导致教师自身效能感的降低，甚至带来人际冲突。第三，因为矛盾已经产生，那么沟通则是解决问题、实现有效决策的最佳办法。

第二天下午下班后，我趁其办公室没人时留下了他。看他的表情已恢复了往日的平静，我觉得是我们进行深入交流的时候了，何况大家都是男人。于是，我们从各自当初的择业，聊到家庭、学校工作，谈了好长时间。最后我告诉他，今后如果在教学上甚至其他方面有什么需要帮忙的，我会尽我所能帮助他。

此后，在教学方面，我尽可能地去帮助他，他也比以前努力了许多，偶尔老毛病重犯时，我会适当地提醒他。两周后，教研员来听课，该老师得了个前所未有的A-级课——这就是最好的"归因"了。后来，学校有很多外出学习的机会，我都会尽量让他去。

从此，我们成了很好的朋友！

我庆幸自己用真诚打动了一颗冷漠的心，用有效沟通消弭了敌视。

案例分析

在实际工作中，经常有人会让你这个不大不小的领导——教导主任当场下不来台！怎么办？"凉办！"

这位教导主任没有冲动,而是来了个短时间的冷处理,给对方一个台阶,给自己一个空间。沟通的办法自然就出现了:当场冷处理,貌似自己没有了些许面子,但其实这是一个领导素质涵养的体现;随后,创设沟通环境,从外围切入沟通话题;事后,真诚给予实际的帮助。人非顽石,终被感化!

让我们为这位教导主任成功的人际沟通点赞!

 **策略与建议**

1. 上级检查繁多,不要"拿着鸡毛当令箭"

中国有句俗话:"拿着鸡毛当令箭。"这句话讽刺的就是那种玩弄权术、狐假虎威的行为。对于当下繁多的教研检查、调研性检测、教学"五认真"检查等,在繁重的教学任务背后,教师面对的是无穷无尽的压力之痛。教导主任不能听风就是雨,拿着教研员的令箭去刺伤教师的自尊,应该学会了解情况,理智分析问题,从教师的角度考虑问题,从而帮助教师解决问题。

2. 发现问题及时解决,不要"温水煮青蛙"

美国康奈尔大学曾做过一项实验,科研人员将青蛙投入已经煮沸的开水中时,青蛙因受不了突如其来的高温刺激,立即奋力从开水中跳出来得以成功逃生。同样是水煮青蛙的实验,当科研人员把青蛙先放入装着冷水的容器中,然后再加热,结果就不一样了,青蛙反倒因为开始时水温的舒适而在水中悠然自得,直至发现无法忍受高温时,已经心有余而力不足了,活生生地在热水中死去。

"温水煮青蛙"道出了从量变到质变的原理,说明的是青蛙由于对环境渐变的适应性和习惯性,不知不觉放松了警惕,以至最终酿成严重的后果。

这则故事告诉我们,当个人和集体在遭遇突然危机时,会集中全部力量来应对,往往能化险为夷,而在遭遇不太明显的危机并且危机在慢慢恶化时,却不会引起重视,结果当危机激化到一定程度后,再想化解为时已晚。

把"温水煮青蛙"原理应用到问题管理中时,也是同样的道理。如果学校遇到了一个重大的问题,大家同心协力,很容易渡过难关,但是,如果内部的一些小问题不及时解决,日积月累,就会使学校逐步失去解决问题的能力和机制。

因此,在人际关系的处理上,一定要杜绝"温水煮青蛙"式的悲剧重演。发现问题后,要正视问题并及时、适时地处理问题,想办法沟通、交流来解决问题才是王道。

(南京市南湖第二小学　丁维兵)

四、备课互查中发生的一件事

案例描述

上个学期,学校为了更好地促进教师认真备课,把以往只是教导处和教研组组长检查备课的方法,改成用政治学习时间,把大家的教案全部拿出来"晒晒"。语文、数学、综合三大教研组,每个人都要看其他教师的备课情况,并且按照学校要求,给备课的情况打分、填表。我们在行政会上讨论这一方案时,大家都觉得这是个好方法,老师们从优秀的教案中可以得到经验,从不认真的教案中可以得到教训,也可以让平时就不认真的老师感到差距,从而有所触动。

下午,大家在会议室分组检查、填表打分,互相学习,整个氛围很好。我一边忙着检查学习,一边忙着回答其他老师问我的一些问题。一会儿工夫(10分钟左右),我偶一抬头,发现对面桌上有一张表格放在那里,而不见老师的踪影,但是并没有多想,继续检查。过了好一会儿,我抬头一看,还是没人,有些奇怪,但也没有想起看看是哪位老师不在。等到检查完毕,教师下班后,收表格的这一段时间内,我仍然没有发现对面的老师。对于收到的这张表格,仔细一看,名字没有写,再定睛一看,每位老师的打分处全是满分。这时,说不气愤是假的,于是,我把所有语文老师的表格一对照,立刻查出了是哪位老师。而这位老师，正是我上面所说的对工作不太负责的老师，他根本没有去看别人的备课情况。我心头的怒火一下燃烧了起来，只觉得一定要做些什么。

于是，我想都没想，拿起表格就来到了校长室，极其气愤地把事情向校长做了汇报，校长们也非常生气。第二天，校长就找到这位老师，对他进行了非常严肃的批评，并且扣除了他当月月考核中备课的钱，尽管钱并不多。后面几天，这位老师看我的眼神都不对劲。此时，我既有点尴尬，又觉得自己没错，不过总是有些不舒服的，但仍然没有去找他说些什么。

案例分析

这是在互查备课中发现的一位教师不认真对待、敷衍了事、不完成教导处布置的任务的一个事件。该教导主任发现后，没有经过深思熟虑就做出了上报校长室处理的草率的决定。

这位老师确实对教务处安排的工作不认真，敷衍应付检查。但是，作为一名教导主任，对于这件事的处理，应该说是非常不妥的，主要表现在以下几方面：第一，对于发生在自己工作范围内的事情，想都没想，一冲动，就交给校长去处理，那么自己在老师心目中的形象会是怎样的呢？第二，作为一名中层干部，遇到问题，想的应该是如何去沟通协调，如何帮助教师正视自身存在的问题，应该先找当事人交流，了解情况，然后发现问题，帮助教师克服困难、解决问题。这才是教导主任人际交往之上策，而不是遇到矛盾，就上交矛盾。第三，事情发生了，教师看到教导主任后的眼神不对，但是教导主任还是没有找教师交流和沟通。教导主任碰到问题应该正视问题，想办法沟通、交流解决问题，而不是搁置不理，以致出现"温水煮青蛙"效应，使矛盾越来越严重。

总之，从这件事情的处理过程来看，这位教导主任有点冲动，缺乏理智、冷静地分析问题、解决问题的方法。

 **策略与建议**

在这个案例中,作者实际涉及了两个问题:一是关于备课的问题,二是关于中层管理者如何实施有效管理的问题。前者是属于技术层面的问题,是当前教学过程管理中的一个热点问题,是一个如何看待备课(包括手写备课、电子备课),如何检查、督促使得备课真正发挥实效的问题。后者是涉及管理方法、艺术方面的问题。

1. 讲究管理的技巧与策略

在上述案例中,当学校行政会决定要采取新的检查备课的方法时,领导一致叫好,但是,作为中层干部,在实施一项新的管理制度时,应该要进行预设,未雨绸缪。

首先,应该从教师的角度去想想教师们的接受度,预设一下可能会出现的问题,这样,当发生一些新情况时,就有了解决问题的预案,从而避免冲动处理。其次,作为中层干部,在自己管辖范围内发现问题,切忌上交校长室处理。只有学会解决自己遇到的问题,才能在实践中锻炼自己的管理能力,才能赢得教师们的尊重。

2. 就事论事,切忌感情用事

案例中的这位教导主任在备课互查这件事情上面临的问题是:对于预先定好的工作,下属不配合,应付了事。

面对教师出现的问题,这位教导主任的反应实际上是情绪化的:第一反应是,这个人就是"我"所说的对工作不太负责的人,"我"有这样的下属!第二反应是,他根本没有去看别人的备课,就全部打上了满分⋯⋯情绪化反应的表征就是,埋怨他人、自己委屈、冒火("我心头的怒火一下燃烧了起来,只觉得一定要做些什么")。

这位教导主任处理问题的方式是感情用事的:"于是,我想都没想,拿起表格就来到了校长室,极其气愤地把事情向校长做了汇报,校长们也非常生气。"

感情用事的结果是，事情没有解决，还破坏了人际关系（"这位老师看我的眼神都不对劲。此时，我既有点尴尬，又觉得自己没错，不过总是有些不舒服的"）。

就事论事，即就这件事情思考如何处理，不要把自己的好恶掺杂进去；就事论事，即要控制自己的情绪，不要破坏良好的人际关系。

3. 及时沟通，防微杜渐

在事情发生后，直接向校长汇报确实是欠妥的，教导主任完全可以将事情在自己负责的层面处理好。首先，直接与那位老师沟通，最好的结果是，那位老师重新去评价他人的备课情况，此事消弭于两人之间。其次，沟通后，如果那位老师依然故我，那么做出处理意见，此时再向校长汇报以得到校长的支持，保证自我管理行为的效度。最后，对于校长室的处理，教导主任要亲自和当事人交流沟通，说出为何要如此处理的理由，同时得到当事人的理解，不要造成对立的人际关系，为以后的管理打下良好的基础。

（南京市锁金新村第一小学　罗志蓓）

五、执教 30 年的老教师的论文只得了三等奖

案例描述

"咣当……"办公室的门被重重地"撞"开，一股寒风呼啸而进。"不知道又是哪个冒冒失失的学生。"正在埋头批改作业的我，思忖着抬起头来。

"张主任！"声调尖而生硬，原来是教数学的唐老师。唐老师是一位工作近 30 年的老教师，特立独行，脾气火爆。"张大主任，你可真辛苦啊！这么大冷天也不开一下空调。"唐老师话不停口地边说边走了进来，随手关上了门。我立刻停下手中的笔，打起十二分精神，面带微笑地说："唐老师，您找我有什么事情吗？天气这么冷打一个电话就行了，怎么还要您亲自来呢？"

"哪里，不来不行啊。你可是主任，我是一个小老百姓。"唐老师板着脸，

怪声怪气地说。

我站起身来，把自己的椅子一挪，推到她的身边，客气地说："唐老师，您这是哪里话，来坐一坐，有什么事您说。"

她毫不客气地坐了下来，身子往后一靠，跷起腿，慢条斯理地说："张主任，我来不是为别的，就是想问一问，为什么我的文章才得了三等奖？这不公平。"

哦，是因为这件事情，我长长地舒了一口气。我笑容不变，拿出抽屉里的一次性纸杯，边倒开水边说："唐老师，看您说的，原来是这件事呀，我正想今天中午去找您的。来，喝口热水暖和暖和。"我边说着边把杯子递到她的手上。听了我的话，她的脸色稍微缓和了一点，但是语气依然十分严肃："我觉得自己的文章写得挺好的，那可是我上课最真实的感受和例子。怎么到了你的手上，就不值一提了呢？"

"唐老师，您有丰富的教学经验，我们全校老师都很敬佩您。开学初，您上的教学研究课，受到了大家的一致好评。只要您随便拿出一个教学案例来，都值得大家好好研究和学习。"我顿了顿，看着她的反应，接着说："比如，您这篇文章里的教学反思和案例，就十分有价值。其中提到了您在教学中的调整和跟进，叙述得很完整，这是许多年轻老师做不到也想不到的。"

"哪里，我只是按照平常的习惯而已，还谈不上多高的水平。"也许是听了我的话，也许是喝了热水，她的话语明显柔和了许多。

我拿出她的文章，放在办公桌上，前后翻了翻，然后用手指着其中的一段话说："您看这部分，写得多贴切呀，发现教学中的问题，立刻停下来有针对性地进行讲解和练习，确实能够帮助学生理解这一难题。"

"老师就应该特别关注每一个学生，发现问题立刻采取对策。几十年的工作经验告诉我，如果忽视这一现象，只是按照原来的教学设计进行教学，肯定会出问题。学生上课听不懂，课后再多的练习也不行。"看着我的手指，她略为得意地补充道。

"您的这一教学观点，很多年轻教师都不重视。我们学校这几年来了不少新老师，在这一方面严重缺乏经验，要是您能给他们讲讲您的教学经验，那就太好了。"我热情地说道。

"不行，不行……我的这点经验算什么，老思想，老办法，跟不上新时代了。"她谦虚地说。

"这怎么会呢，他们哪能比得上您呢？"

"哦，可不能这么说。现在的年轻人有干劲，肯学习，工作起来勤勤恳恳。别人不说，你就看看我们年级组的小郭，进步可快了，又是学校展示课，又是区教研课，真了不起啊！"

"他进步快，还不是您指导得好。听说他发表文章，还有您的功劳呢！"

"指导是有一点，可是他年纪轻，又能干，听了我的一节课后，回去琢磨，自己又上了一遍，然后把经过写了下来。你还别说，文章写得确实好，不仅有深度，还有独特的角度。我可比不上。"

"他看得远，还不是站在您这位巨人的肩膀上？"我半开玩笑地说，"这次论文比赛，我们学校的每一位老师都很认真，每读一篇文章，我们评委组的老师都感到受益匪浅，都想给一等奖。但是，既然是比赛，总要分出个一二三来，唐老师您说是吧？"她点点头。

我接着说："就拿您的文章来说，优点十分突出，当然也存在一些不足。就如您刚才说的，在分析、思考的深度和角度上还有所欠缺。例如，纠正与反馈的时机把握上、时间安排上、量的控制上，都需要进一步研究。"

"这个我是没想到。"唐老师若有所思地说。

"下个星期三的论文比赛总结，我想请您谈一谈自己文章中及时纠正与反馈这一点，行吗？"

"还是不要了。我的文章和别人的相比还有不小的差距，还是听一听他们的吧！"

"别人的文章我们要学习，您的文章中也有许多值得大家借鉴的地方。您就不要谦虚了，就这么说定了哦！"

"那好吧，我再拿回去改改。"

"咔!"关门的声音清脆而悦耳。

 **案例分析**

美国哲学家、心理学家威廉·詹姆士曾经说过:"人类本质中最殷切的要求是渴望被肯定。"而赏识正是肯定一个人的具体表现。案例中的这位教导主任深谙其道,作为学校管理者,赏识和激励教师,就是为了满足他们的高层次需求,使他们健康、愉快。而教师一旦处于健康、愉快的心理状态下,则会"春风得意马蹄疾",其工作的积极性将成倍高涨。从这个意义上说,"好教师是夸出来的"。

学校管理者一个鼓励的眼神,一句热情的话语,一个善意的微笑,一次关切的询问,一个换位的思考,都是对教师的信任与肯定,都可以激发他们的上进心和责任心,甚至可能会改变他们对工作的态度、对人生的态度,其人生也许会因此而出现拐点。此时,赏识和激励就成了教师成长的助推器,成了教师成长的不竭动力。

 **策略与建议**

1. 善于发现教师的长处,平复教师的心态,是沟通的首要前提

上述案例中的教导主任,首先是发现了唐老师的长处,提高了她的工作满意度,从而让她认识到自己工作的意义,还特别肯定了她能帮助年轻教师成长、做一个垫脚石的精神,是年轻人成长的指导者。在这样高度的肯定下,唐老师不仅认识到自己工作的意义,而且感受到领导对自己工作的肯定,所以心态就平和了,有了平和的心态后,再沟通,就容易解决问题了。

2. 理解教师的感受,站在对方的立场换位思考,是沟通的关键

作为教导主任,要考虑一下对方的心理感受和需求是什么。这位老教师并不是一定要争什么奖项,而是感到面子受损,因此,上述案例中的张主任在与之沟通时,时时站在对方的立场进行换位思考,肯定她在青年教师成长过程中的重要性，让她从中感受到，领导对她的情况非常了解，感同身受，这样就容易解决问题了。

3.了解教师的性格特点和喜欢的沟通方式，为沟通创造良好的氛围

不同的人有不同的性格和各自喜欢的沟通方式，只有根据不同人的性格差异，调整自己的沟通方式，才能达到预期的沟通效果。

（南京市宇花小学　张绪波）

六、家长气冲冲地来到教导处后

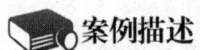案例描述

案例1

一天午休的时候，一位家长气冲冲地来到了教导处，拍着桌子对我说："如果你处理不了这个事情，我就去找校长，找教育局，给我女儿换学校！"

我看到来人便知是来投诉的，只是不知道是因为什么事。我满面笑容地把家长请进办公室坐下，同时倒上一杯茶，安慰他不要激动，喝口水，慢慢说。

家长也尽量平复情绪，但仍旧抑制不住激动的心情："你们老师不让我家小孩上课了，你说小孩不上课，我们家长怎么办啊？小孩天天在家待着啊？老师怎么能这样呢？她有什么权力不让小孩上课啊？"

我一听心里猛然一惊，老师怎么能说这样的话呢？但又一想，这是家长的一面之词，事情不会就这么简单，于是继续安慰家长："老师怎么会不让孩子上课呢？一定是有什么误会吧。""没有误会，现在孩子不敢来上学了，你们看怎

（图片来源：百度图片）

么办？""这样吧，你把事情的经过和我说说。"我依然耐心地说道。"昨天英语课上，老师提问，我的孩子没有回答出来，老师就批评了她，她当然不高兴了，老师就让她不要来上课了。"

听了家长的话，我可以肯定这不是事情的全部。于是我和他聊起了孩子在家的情况，知道孩子在家没人管，家里人工作忙，还有一个更小的孩子，顾不上这个孩子，我还了解到英语老师经常用课后的时间为孩子补课。我和家长谈到老师为孩子付出的努力，谈到还是大孩子的年轻老师会有言语上的不足，但是能为学生加班加点地工作，她的心是好的，她是真心希望孩子越来越好呀！家长与我沟通后情绪平复了很多，也觉得老师是为了孩子好。我对家长说："我还要了解一下情况，对于老师不对的地方要给予批评。"家长连忙说："别批评老师了，老师还是为了孩子好。"

送走了家长，我去找这位年轻的老师。这位老师看到我找她，也比较紧张，就开始小心翼翼地和我说起了事情的来龙去脉。我安静地听她诉说完后，说道："这件事，你错在不该说不让孩子来上课，尽管你是想吓唬她，心里是为她好的，但孩子和家长不是这样认为的。你平时工作很认真，还为孩子补习，家长是感激的，你不要有负担，主动和家长沟通一下，会没事的。"

当天下班前，这位老师找到我，告诉我说家长主动找了她，还感谢她为孩子补课呢。一场风波就这样平息了。

案例2

一天上午，一位年级主任来到教导处对我说，一位学生家长要求给孩子调班，或者要求换老师。他调解过了，家长什么也听不进去，就是坚决要给孩子调班或换老师。他解决不了，向我求援。

原来，孩子上三年级，在一、二年级时学习处于中上游水平，进入三年级后学习成绩一落千丈。家长与老师沟通时，老师认为，这完全是孩子的原因才导致学习成绩下降。家长坚持认为是老师的原因，认为老师不会教孩子，理由是孩子在二年级时表现突出，曾经得过"三好学生"奖状。孩子的妈妈特别激动，在年级主任那里一直诉说老师对孩子的不公，质疑老师的教学水平，列举了老师种种不对的地方，并且说，如果解决不了，就要找新闻媒体。

我让年级主任约了家长放学后来学校面谈。接着，我马上向孩子的任课老师了解具体情况。掌握了一手资料后，对晚间的沟通有了相当的信心。

家长带着一张50分的语文试卷如约而至，并表示：为了孩子，换班或者换老师，没什么可商量的。

我没有接他们的话，而是真诚地对家长说："面对孩子目前的情况，我看得出，你们特别着急。"

"能不着急吗？"

"我特别能理解你们的心情，孩子是家庭的希望。我也是一个孩子的妈妈。"

"就是啊，不做父母，哪能体会父母的心哦！王老师太年轻！"

"我的孩子今年上五年级，其实他在三年级的时候，学习上也出现了种种问题，你们想听听我是怎么解决的吗？"

"主任家孩子也会出状况？""您赶快讲讲，让我们也学学！"

我向家长列举了自己孩子曾面临的一些问题，以及我是如何一一想办法应对，帮助孩子克服困难的。

或许是我的现身说法打动了家长，此刻，他们也冷静下来，和我一起分析了孩子不爱学习的原因。除了老师方面的问题，家长还找出了家庭变故、父母因工作忙顾不上管教、孩子依靠小饭桌老师等导致孩子学习习惯变差的关键性因素。

这时候，家长已经完全没有了怒意，相反还产生了没对孩子负起责任的内疚感。此时，我又提出：那我们的老师是不是就完全没有教学能力呢？我和家长分析起老师的优缺点。家长说，老师也是很负责任的，因为孩子一次又一次的不良习惯，让年轻的老师失去了耐心。谈到这里，家长已经能够从老师的角度理解老师的无奈。我也向家长承诺，我会与年轻的老师沟通，共同寻找教育孩子的好方法，激发孩子学习的兴趣，帮助孩子提高考试成绩。

最后，在家长的感谢声中，我送走了他们。我立即向这位三年级的老师了解情况，和她推心置腹地交谈。我首先肯定了她在工作中的成绩，给她指出了工作中的缺点，与她交流讨论了如何教育这个孩子的方法。

第二天中午，孩子的父母为他们班送来了两箱水果。期末考试时，在家长、老师和孩子的共同努力下，孩子的三门功课都有了长足的进步。

案例分析

这两个案例都是面对家长投诉，作为教导主任如何与家长沟通的问题。

案例1中的教导主任，说话看场合，沟通讲氛围。这位教导主任，在不了解事实的情况下，先引家长入座，为家长倒茶，给予家长尊重，这既展现了教育者应有的素养，也在无形中感染了家长，因为尊重是双方的。由此，为沟通成功开了好头。

首先，耐心倾听，听懂家长话里的意思，明白他的意图。

其次，有的放矢，针对家长的意图进行交流。

再次，与当事人进行沟通，指出她工作中的优缺点，帮助其解决问题。

案例2中的教导主任是这样处理问题的。她运用了同理心原理，成功拉近了沟通双方的距离，让沟通从心开始。面对家长不合理的诉求，教导主任没有去强行解释和辩驳，而是将心比心："我看得出，你们特别着急。""我也是一个孩子的妈妈。""你们想听听我是怎么解决的吗？"不知不觉中，家长开始客观面对，自我反思，归结事情的真正起因。当然，这一切的展开，都与教导主任前期的调查了解、掌握资料有必然的联系。

应该说，两位教导主任处理得都不错。

策略与建议

1. 运用心理学知识和原理

好的沟通者，一定具有丰富的心理学知识。案例2中的教导主任采用了共情的心理学策略，先理解对方的感受，取得心理上的共容，从而在共同的融洽的氛围中解决问题。

2. 依据家长个体差异选择不同的沟通方法

在与不同的家长进行交流时，教导主任应采用不同的方式方法，使沟通更顺畅。对于素质比较高的家长，可以坦诚地与之交流。认真倾听家长的意见，也适当提出自己的看法，赢得家长的理解与支持，共同做好学生的教育工作。对于比较溺爱孩子的家长，在充分了解事实、耐心听取家长的想法的基础上，可以先肯定孩子好的地方，给予赞赏，再婉转地指出问题所在，诚恳而耐心地说服家长采取更好的方法配合学校教育好孩子。对于喜欢斤斤计较的家长，应避免与之针锋相对。在耐心倾听完家长的意见后，抓住问题的关键与之沟通。

沟通时应注意交流的语言，力求委婉、诚恳。要考虑不同家长的需求、不同家长的差异、不同家长思考问题的角度，以及他们的满意度。

3. 耐心倾听，合理分析，提出有效对策

前苏联著名教育家苏霍姆林斯基指出："学校和家庭是一对教育者。"如果我们在与家长交流沟通时可以做到耐心倾听、态度诚恳、换位思考、尊重理解，站在家长的立场设身处地地想想家长的话是否有理，为家长出谋划策，帮助他们解决问题，或许这样更能赢得家长的信赖与配合。倾听、理解、共情，才能让沟通更顺畅！

4. 让家长看到教师或者校方为孩子所做的努力

案例中的两位教导主任都在不同程度上分析了当事人（被家长告状的老师）为孩子所做的一切努力，让家长能够看到教师和学校确实是为了孩子好。这样，沟通就有了共同的基础，一切都是为了孩子，而学校老师更懂得一些教育的方法。这样的沟通，才有效。

（南京市中央路小学　张群

南京市东郊小镇小学　皇甫海燕）

七、大队部的活动占用正常教学时间

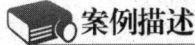案例描述

在某校的一次中层干部会议上，大队部提出，本学期期中考试后，大队部要开展少先队活动，需占用一天正常的教学时间，希望各部门配合一下。这时，学校的教导主任极力反对，认为学期本来就不长，教学任务很重，哪有时间来开展活动呢？还提出建议：要么停止活动，要么把活动时间压缩在一个下午，强调说上午都是主课，一定要维持正常的上课秩序。而大队部辅导员说，学习固然重要，但是学生的课外活动，同等重要。

两个人在会议上意见不统一，争得面红耳赤……

案例分析

这位教导主任比较重视学科教学，学科本位的管理思想比较明显。他觉得大队部的活动占用一天的时间，影响了正常的教学秩序，使学科教学受到了影响。但是，他没有考虑到我们教学管理的最终目的是为了实现学生的全面发展。大队部的活动虽然占用了一天的教学时间，但是，这种活动对学生

的全面发展是有利的，对于学生来说是一个很难得的机会。学生的全面发展需要多种途径去实现，课堂教学只是其中重要的一种，不能漠视其他形式对于学生全面发展的重要性。所以说，选择压缩大队部活动时间的方式不是很合理，这既不利于学生发展，也容易造成学校管理部门之间的不协调，会给以后的教学管理带来不利因素。

这位教导主任在会议上，能够明确亮出自己的管理观点，在管理中积极参与并提出建议，是一种积极的作为态度，其主动性值得肯定。但是，这种处理方式还值得商榷。首先，在会议上要注意部门之间的协调，当众反对会让大队部辅导员下不了台；其次，要注意沟通技巧和方法。

 策略与建议

1. 要有正确的教育理念和管理理念

作为一名教育管理者，要清楚地认识到管理的目标应该从属于教育的目标，学校管理要一切为了育人，一切以育人为出发点和落脚点，这是一个永恒的宗旨。因此，管理者只有树立正确的育人理念，才能有正确的管理理念和管理行为。学校工作的一切都是为了发展人、培养人，要把学生的全面发展摆在第一位，学科发展只是学生全面发展的一部分，我们只有清楚地了解学生全面发展的目标，才能采取相应的管理措施为达成目标而努力。

2. 要善于和同级部门之间协调关系

本案例其实质反映了教导处如何与其他部门协调关系的问题。大队部不属于教导处管理，教导处在解决此类问题时，既要注意和同级业务部门之间的协调，配合同级部门完成活动，又要有全局观念，为了学校的大局，有时要牺牲本部门的小局。这样有利于学校管理凝聚力的形成，对于学校的发展和教师、学生的发展都极为有利。

3. 要掌握与同级部门之间沟通的要点

首先，要明确学校的共同育人目标；其次，要谦让和体谅，体谅别的部门的难处,站在他们的立场考虑问题;再次,要多为其他部门提供协助,这样才能得到其他部门的配合;最后,要注意沟通的方式,用建议代替直言,用提问题代替批评,体会别人的感受,让对方说出诉求。

(南京市青云巷小学　金魁)

他山之石:来自美国校园的管理沟通案例

从上述案例中,我们可以看到,无论对象是谁,我们在与之沟通时更多提及的是"以情动人"。中国人历来讲究人情味。"船到桥头自然直,感情到位矛盾消"。但是,感情和规则其实是共生的。如果我们把握不好分寸,一味地讲感情,很可能造成为情所困、为情所累、为情所惑,最后会发展到不讲是非对错,不讲原则、规则,从而导致情大于规则,情大于原则,情大于政策,甚至是情大于法。

(图片来源:百度图片)

所以,我们要呼唤规则意识,因为无规矩不成方圆,规则是社会健康、有序发展的保证。我们亟须建立起对规则的敬畏,养成自觉遵守规则的习惯。

一、来自美国学校的一则沟通案例

下面我们来看一则国外学校管理者与教师沟通解决问题的案例,它来自美国长岛大学教育管理学教授罗伯特·里肯的著作《校长的平衡艺术》(华东师范大学出版社,2008年6月)。

一所学校进行消防疏散演练。大家都平安撤出了，只有一个资深教师没有撤离（校长助理发现的），他留在教师办公室，继续吃点心。演习结束后，校长让助理去见这位老师，与他沟通，询问他为什么不撤离。那位老师说他比较累，又没有课，就留在办公室了。校长让助理起草一封给该教师的信，告诉他，他的行为是不对的。根据以往的经验，助理需要写好几稿，一稿比一稿措辞严厉。以下是最后一封。

亲爱的琼斯先生：

在星期二（10月22日）的火灾演习中，您违背了本州法律/教师合同约定和学校董事会的规定，没有从楼内撤离。当我们向您询问不配合演习的原因时，您说您感到疲劳，因此留在了办公室。您没有负起职业责任，这种行为是不专业的，也是不可原谅的。作为资深教师，做出这样的行为就更过分。

每一次演习的目的，都是为将来可能发生的紧急事件做好准备。在当前全球政治背景下，我们必须把演习和安防工作提到保障学生、教职员工生命安全的高度来看待。您以后必须认真参加演习。此事将上报上级监管部门和本地消防局局长。

致

礼

校长签字：罗伯特·约翰逊

10月23日

我已读过此信，知道它将被放入我的专业档案。签字：

罗伯特·里肯教授认为，对于学校管理者来说，出现一些违规行为，"听之任之"或许是最危险的，必须及时沟通处理。先要正面沟通，了解教师不配合演习的理由。如果教师是有意不撤离，管理者就应该和他进行一次长谈，说明这种行为会造成什么后果，学校准备怎样处理。在上述案例中，校长通过给教师发信的方式，予以正式的通告处理。

罗伯特·里肯教授在书中告诉我们，美国学校管理者通常都会使用给教师写一封信这样正式的书面形式来体现规范、原则的重要性。

二、美国校园沟通管理的启示

这则美国校园内出现的教师管理案例，给予我们以下启示。

①对于教师违规的事情，必须及时沟通处理，不能听之任之，否则学校的制度就形同虚设。

②在处理的方式上，应该是先正面沟通，了解情况；然后以给教师写一封信这样正式的书面形式来告诫教师违规了，从而体现出规范、原则的重要性。这种处理方式，体现出校长对于事情处理的严肃性和规范性。中国的校长一般没有写信的习惯，不妨试试以写信的方式进行书面沟通。

③正确处理规则和人情之间的关系。中国人讲人情，往往是情大于规则。作为一名教师，如果没有规则意识，如何教育孩子？所以，上述美国学校里的案例，规则大于人情，特别是教师是有意不撤离，那么就要对其进行教育，并给予相关的处理。

在现实管理中，该怎样认识人情与规则这对共生兄弟，如何把握分寸呢？

我们认为，没有人情的规则是暴力，没有规则的人情是混乱，二者必须兼容，缺一不可。管理者要坚持原则，同时在处理的方式上，要多沟通、多教育，注意方式方法，在沟通教育的基础上，给予处理。

（南京市将军山小学　于斌）

第七章

教导主任与管理方法

本章首先简明扼要地阐述了什么是管理方法，以图的形式呈现了管理方法的分类，并对四类管理方法进行了详细说明。接着，从学校制度管理、民主管理、人本管理、特殊教师的管理、管理的执行力、"二八管理"方略等方面，选择了六个典型案例，进行案例描述和分析，在剖析问题的基础上，提出了管理的策略与建议。

（图片来源：百度图片）

现代管理学之父彼得·德鲁克认为："管理是一种实践，其本质不在于知而在于行，其验证不在于逻辑而在于成果。"

教师的工作是否有成效，在很大程度上取决于他被管理的方式。

有效的管理是，使其成员的长处都发挥出来，并利用每个人的长处来帮助其他人取得绩效。

智慧的管理者，能够使其成员的缺点相抵消。

管理方法简介

一、什么是管理方法

管理方法是指用来实现管理目的而运用的手段、方式、途径和程序等的总称。管理的基本方法包括行政方法、经济方法、法律方法和教育方法。管理方法是管理理论、原理的自然延伸和具体化、实际化,是管理原理指导管理活动的必要桥梁,是实现管理目标的途径,它的作用是一切管理理论、原理本身所无法替代的(引自"百度百科")。

二、管理方法的分类

管理方法的分类如图7-1所示。

(1) **任务管理法**。其基本内容可以概括为,通过时间、动作研究确定标准作业任务,并将任务落实到个人。其实质就是通过专门的人员对时间和动作进行研究,从而科学地设计工作任务,使个人满负荷工作,以达到提高生产效率的目的。

(2) **人本管理法**。这是作为对任务管理法的革新而提出的一种新的管理方法,强调对于人的激励和满足人的心理需求。管理者在管理中采取以工作人员为中心的领导方式,即实行民主领导,让职工参加决策会议,领导者经常考虑下属的处境、想法、要求和希望,与下属采取合作态度,管理中的

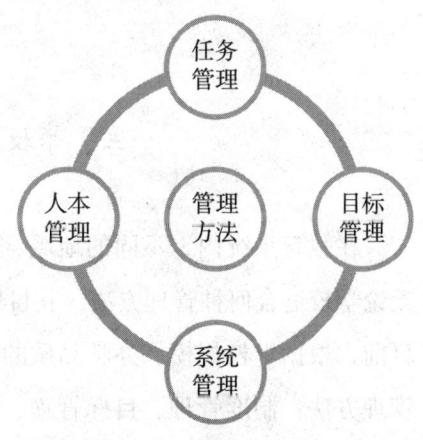

图7-1 管理方法分类

问题通过集体讨论,由集体来做出决定,监督也采取职工互相监督的方式,等等。

(3) **目标管理法**。1954年,美国著名管理学家彼得·德鲁克在《管理实践》一书中,首先提出了"目标管理与自我控制"的主张,随后在《管理——任务、责任、实践》一书中对此做了进一步的阐述。德鲁克认为,并不是有了工作才有目标,而是相反,有了目标才能确定每个人的工作。目标管理是以相信人的积极性和能力为基础的,各级领导者对下属人员的领导,不是简单地依靠行政命令强迫他们去干,而是运用激励理论,引导职工自己制订工作目标,自主进行自我控制,自觉采取措施完成目标,自动进行自我评价。

(4) **系统管理法**。这是按照事物本身的系统性把研究对象放在系统的形式中认识和考察的一种方法。具体地说,从系统的观点出发,始终着重从整体与部分(要素)之间、整体与外部环境之间、部分(要素)与部分(要素)之间的相互作用和相互制约的关系中考察对象,从而达到最佳地处理问题的一种方法。

三、学校管理方法的运用

在教育系统内,不同的地域、不同的校情必然出现不同的管理方法,但无论学校适合何种管理方法,其目标都是一致的:最大程度地达成管理目标。目前,根据学校规模、办学品质的区别,在各义务教育学校大致有这样一些管理方法:制度管理、目标管理、人本管理等。在学校的实际工作中,往往需要采取多种综合的方法。下面介绍几个典型案例。

管理方法案例

一、监控器下的考勤制度

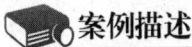**案例描述**

校长要求分管考勤的教导主任，每天根据监控录像的回放，记录教师考勤情况。于是乎，在教导处，经常出现这样的画面：几个主任，有时还有校长，目不转睛地盯住监控录像，看好时间，抓迟到或早退的教师，或根据老师的口头汇报"某人某时出去了"，赶紧把录像进行回放，找到溜号的老师，并记录下来。

刚开始，这样的监控办法确实震慑了一些不自觉的老师：上、下班能遵守时间了，擅自离校的情况少了，有事请假的人多了。但一学期下来，这种"监控"的考勤管理，引起了分管主任及老师们的极度反感。

管理考勤的主任认为，每天要耗大量的时间去看监控，了解教师情况，例如下雨天，迟到的老师穿着雨披骑车进来，任你把速度调到最慢，即便几个人反复看，也无法确认迟到的是谁。这导致正常的工作无时间去做，严重影响了教学活动的正常开展。老师们对此也很反感，监控这种方式让他们觉得不被尊重和信任，这样的管理过于苛刻，不近人情。比如，有位老师因怕迟到，打车赶到学校，而监控显示，他到校时校门正在关闭，上课铃声刚响完，他迟到了40秒，因此被扣了

（图片来源：百度图片）

10元钱,他觉得很郁闷!还有一位老教师,身体不好,因去校门口的社区医院拿药,请了20分钟假,结果当月的全勤奖被扣,令她很伤心,她觉得学校的制度不够人性化,对她这种年纪大了,一辈子勤勤恳恳工作的人一点照顾都没有,她心里很是委屈,为这事,一直耿耿于怀。有个别校领导出去,不打招呼或未履行离校手续,问吧,总说是去开会;还有的教师以办公事为由离校办私事,造成了老老实实请假的被扣钱老师心理不平衡,制度的执行失去了公平的环境。

监控器下的考勤管理,让教师和校领导之间形成了对立。在一次校中层领导去看望援教教师的时候,在校的教师来了个"胜利大逃亡",监控录像回放显示:周三下午第一节课后,除了外出参加培训和个别带队训练的教师外,其他教师在下午3点左右离校回家,自己给自己放假了。校长大为震怒,扣了这些老师的全勤奖及年终考核奖,以此作为惩罚。

在教师的对抗下,监控莫名其妙就"罢工"了,监控器下的考勤管理,最后无疾而终。

 **案例分析**

上述案例发生在一所四轨制小学,教师的考勤问题,一直是这所学校的领导比较头疼的问题。早期,由于管理松散,一些教师因私事擅自离校的情况屡有发生。鉴于此,校长曾在门卫处放置了考勤表,要求教师到校后即签到,但由于不少人代签,屡禁不止,最后不了了之。尽管校长也采取了一些不同的措施,但收效甚微。考勤问题成为学校管理中的难题,一直没能得到有效整治。

后来,这所学校的领导班子进行了调整,新上任的校长决定要改变这种状况。学校制定了较为完整的考勤制度,针对少数教师不遵守考勤制度的现状,特别在考勤制度里增加了一条:"学校将根据监控记录,对教师的考勤情况进行抽检"(教育局根据有关规定,对学校一些重要部门和地方安装了监控探头，用于对学校的安全、财物进行监控）。这样，安装在校门口的探头就成了抓教师迟到、早退及擅自离岗的一个重要"武器"。

虽然上述案例反映的是管理制度在实行中的细节，但从细节处可见管理的全貌和管理的思想。管理者为了对下属的不良行为进行管制，采取了考勤签到制度，为了加强管理，又增加了根据监控记录对教师的考勤情况进行抽检。的确，这样的制度能够抑制个别被管理者的不良行为，但管理者在管理的过程中所表现出的管理思想和方法却令被管理者难以接受，"监控"下的考勤制度体现的是对全体教师的不信任，让教师和校领导之间形成了对立，所以才出现了在一次校中层领导去看望援教教师时，在校教师"胜利大逃亡"的情况。监控器下的考勤制度，缺乏人情味，比如，案例中的老教师，因去校门口的社区医院拿药，请了20分钟假，结果当月的全勤奖被扣，就让她觉得学校的制度不够人性化。

案例中反映的是管理中存在的两大问题。

1. "猫捉老鼠"的管理方式背后是对教师不信任的管理思想

在这样的监控管理模式下，教师是被动的，是被看成必须要进行管理的对象的，考勤主任是监工，眼睛要时刻盯着教师的违规行为，学校领导和教师之间的关系就像猫和老鼠的关系，是管和被管的关系。考勤主任要查查查、扣扣扣（检查扣分），教师要防防防、躲躲躲，这样的管理行为向教师传达的是一种被动的、对抗的管理理念，正如案例中描述的，教师非常反感。在学校管理中，只有建立在信任教师，与教师平等交流基础上的制度管理才能有效。案例中针对个别人制定的制度却打击了大多数人的积极性，许多教师的行为反映出的是对学校制度的不满，对人的尊严没有得到尊重的反叛。

2. 缺乏智慧的管理方式导致低效"增负"

案例中描述的管理考勤的主任就认为，每天耗大量时间去看监控导致正常的工作没有时间完成，严重影响了工作的正常开展；教师们每天在监控下工作，心理负担很重，比如，有位教师因怕迟到，打车赶到学校，却还是因监控记录显示的迟到了40秒，被扣了10元钱，他觉得很郁闷！其实，这不是10元钱的问题，而是一位教师的尊严没有得到尊重的问题。这样的管理方式缺乏智慧，增加了管理者和被管理者的负担。

 **策略与建议**

1. 考勤制度的建立，要规范化和人性化并重

制度管理是学校管理的一个重要组成部分，是约束教师工作纪律的必要措施。制度的建立，既要体现管理的合理、规范化，又要体现人性化。遵守制度，是为了让大家在一个公平的环境中更好地有序工作。对学校管理而言，绝大多数教师是自觉的，是能遵守规章制度的，"溜号"只是极个别现象，但造成的影响很坏。如果分管的校长或其他领导能对个别人进行教育，与之好好沟通，相信这些问题是能较为妥善地解决的。人性化管理，就是在制度中要对不同情况下不同人员有不同的对待方式。比如，对于年老体弱的老师，应该增加半天看病的时间，可以不作为缺勤看待，照顾老教师，照顾有特殊需要的老师；又如，对于怀孕的老师、有重病的老师等，都要有不同的对待方式。人性化管理，才会得到大家的认同和尊重。

2. 制度的遵守，应体现制度面前人人平等

领导和教师是平等的制度执行者。管理者千万不能以领导者自居，强调自己是管理者的身份，从而凌驾于制度之上，而忽视了自己同时也是制度的管理对象。对于个别校领导出去时不打招呼或未履行离校手续的情况，如果校长能够以身作则，出去开会有文件，并且履行离校手续，那么管理的效果就会截然不同。

3. 制度的执行，应处理好严格要求与尊重教师的辩证关系

在执行制度的过程中，管理层应以调动教师的积极性为主。制度是死的，管理是活的，当教师有困难或遇有偶发事件时，校领导应及时关心，以心换心，给予教师关心与帮助，这样，教师又岂能不以更高的热情投身到工作中去呢？

（南京市双塘小学　钱婷）

二、管理中的"民主"

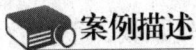
案例描述

自去年起,学校的领导班子进行了大调整。为了充分显示学校管理的民主,让老师们充分体验到自己是学校的主人,学校对每项工作都实行校务公开,这很受老师们的欢迎。老师们都感觉自己真正成了学校的主人,也有参与学校管理的机会与权利。

在这种和谐的氛围下,为再次体现民主管理,让老师们最大限度地发挥自己的教学潜能,从而在教学的天地里自由翱翔,实现自己的人生价值,学校根据教学需要,精心设计了教学选岗表,让老师们自己申报学科,自己选岗。这本身是一件原则性与人性化管理并重的好事,但是,当老师们选好岗,学校在暑假安排课务时,却出现了怪现象:无人愿意承担班主任的职责,无人愿意接手一年级,无人愿意带毕业班。最后在开学前,学校的分管领导只好挨个做工作。为什么实行民主管理后反而出现了这种不太协调的怪现象呢?

案例分析

按照学校的惯例,每学期,学校领导在共同研究的前提下,将根据教师的个性特点、学校教学及师资的实际状况,对教师的任课情况及班主任的任用进行合理分配。对此,老师们也能够理解。因为作为一名教师,应该顾全大局,服从教育教学工作的安排。这样的方式一直沿用下来,学校老师似乎也认可了。虽然个别老师对学校的安排有些不满,但是结合学校的实际状况也没提反对意见。所以,学校安排好教学任务后,老师们都能够无条件地接受。自从学校领导班子调整后,学校管理的作风发生了变化,管理民主了,让教师自己有了选岗的机会,却出现了上述案例的怪现象,这不得不引起我们的重视。

对于班主任、六年级毕业班和一年级起始班，教师不愿意承担，是有客观原因的。由于班主任的教育活动多，什么事情都要班主任去做，尤其是学生的安全问题，班主任责任重大。而对于六年级毕业班，区里会进行调研性检测，老师们怕教不好，怕影响学校形象。一年级的学生比较难教，很多教低年级学生的老师常年是带着沙哑的嗓子工作着。所以，学校老师一般都怕承担毕业班和起始年级的教学任务以及班主任工作。

上述案例说明了学校管理者在充分进行民主管理的同时，还缺乏和教师之间真诚的沟通以及对情况的了解。管理者认为，给予了教师民主权利，老师们自己选岗，应该会顾全学校大局，会有人主动承担重要岗位的责任。而老师们认为，学校既然让我们自己选岗，就应该充分尊重我们的意愿，否则，我们就有权不接受。老师们的思想和领导者的思想不能统一，二者之间缺乏沟通，缺乏了解，缺乏感情的交流，从而导致尴尬情况的出现。

同时，上述案例还说明，学校的评价体系还不够完善，学校的绩效工资就应该向在重要岗位上有所付出的教师倾斜，给予奖励和晋升机会，这样才能够让教师乐于接受重要的任务。

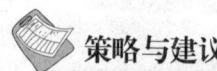 **策略与建议**

1. 统筹考虑，完善制度

任何一项制度的改革，事先都要经过统筹考虑，加强预设。

制度出台前要多讨论，多征集教师的看法，可以通过工会组织、教代会广泛听取教师的意见，制定出公正合理、受大多数教师认可的选岗制度，并按章办事。比如，在选岗制度上，增加特色岗位的特殊津贴；对于班主任工作、六年级教学工作和一年级教学工作，要理解这些岗位的工作的确比较辛苦，比其他工作承受着更多的压力，可以设立一定的特殊津贴。

2. 加强沟通，加深理解

在选岗前，要加强领导与教师的沟通、教师与教师的沟通。比如，开展

"沟通是理解的桥梁"的专题大讨论，让大家在学习讨论中体会到理解与被理解的快乐，愿意去做一个善于与人沟通、善于理解别人的人，从而营造健康、和谐、积极向上的校园氛围。

3. 民主集中，对立统一

民主与集中应该是矛盾体的完美结合。没有民主，只有集中，是专制；没有集中，只有民主，是一种个人主义的泛滥。选岗本身是一件好事，体现了领导者民主管理的思想和行动，但是，民主应该是在集中指导下的民主，民主后必须有集中。进行制度改革时，学校领导要让教师明白，在民主选岗的基础上，还应该顾全学校大局，尊重学校根据特殊岗位需要做出的集中调整和改变，从而让教师愉快地接受任务。特别是要提出，对于年龄不大、身体健康、家庭负担不重的教师，要自觉选择任务比较重的岗位，如果没有选择，也希望能够接受学校的工作安排。

（南京市西善桥中心小学　方慧）

三、细节决定管理执行力

案例描述

某校开设了 18 门选修课程供学生自由选择，学期结束后，以成果展示的形式向学校和家长汇报。为了这次成果展示，教导处做了大量准备工作，力求高质量地完成这次汇报任务。教师们也加紧排练，想在展示的时候出彩。

教师们终于盼来了选修课程成果展示的日子。一大早，教导主任就来到展示场地，检查各个环节的落实情况。大家忙忙碌碌，紧张地进行着最后的准备工作。

展示正式开始，一切都比较顺利，教导主任悬着的一颗心也逐渐平静下来。可是，还没有来得及喘口气，又出现了意想不到的情况。有一个节目的音乐和背景由于没有及时刻成光盘不能正常播放。眼看节目就要上场，负责该节目的老师和班主任都说没有音乐和背景也没有关系，不会影响孩子们的表演效果。教导主任当时急得手足无措，准备同意这样做。可是，校长果断地说："调整节目顺序，马上把音乐和背景准备好，确保节目质量不受影响。"听到校长的指示，教导主任立即调整了节目的顺序，电教老师和负责该节目的老师也立即动手，很快解决了问题。到了这个展示环节，在优美的音乐声中，孩子们一出场就赢得了喝彩。接下来的表演中，背景和音乐很好地烘托了场上的气氛。成果展示在家长们热烈的掌声和阵阵笑声中结束了。

案例分析

在上述案例中，出现了预设中的意外。这种看似出乎意料的"小事"在许多表演中都可能遇到。整个事情的过程存在以下问题。

作为整个节目的负责人，教导主任对于细节的落实不到位。如果前一天走台时把每一环节都落实好，或者能预想到可能出现的问题并做好应急预案，就不会出现临场手忙脚乱的状况了。另外，作为组织者，没能很好地协调各部门之间的关系，各部门缺乏必要的联系和沟通，以至电教老师对节目不是很清楚，才会出现这样的问题。再者，教导主任缺乏临场经验，遇到突发状况不能及时应对。多亏校长果断做出决定，才没有使节目质量受到影响。

负责该节目的老师在前一天走台时，对于音乐和背景未落实没有引起足够的重视。他们认为，孩子们平时排练效果不错，正式演出时也一定没有问题，所以掉以轻心了。出现了问题，不积极想办法去解决，却认为有没有音乐和背景不要紧，这是对自己、对节目都不负责任的表现。试问，如果音乐和背景无关紧要，当初又何必做它们呢？事实证明，节目的成功演出，音乐和背景是必不可少的。

一个小小的细节问题，如何处理，其实关系到管理的方法问题和责任问题。只有关注细节，才能提升执行力！

策略与建议

那么，应该如何提升管理的效度呢？不妨从以下几方面着手。

1. 强化"零错误舱"

有一个理论叫作"驾驶舱管理理论"。该理论讲的是，每次起飞前，正副驾驶都要做严格的检查，把所有的规则仔细走一遍，"照表"抄数，不能有一点差错，不能有一点遗漏，更不允许有其他任何想法。比如，反正也是刚刚降落，上一次起飞前刚检查过，为了提高效率，不检查或者少检查几项，等等。如果在这里犯一点错误，代价就会极为惨痛。

这个"驾驶舱"，我们称之为"零错误舱"。如果我们把学校比作一个驾驶舱，每一个人在执行任务时都按照规定来做，学校执行的效果就会显现出来。在上述案例中，如果节目负责人能贯彻执行"零错误"理念，认真地落实节目的每一个环节和细节，相关老师对自己的工作足够重视，后来的状况就不会出现了。

2. 塑造执行力文化

执行力，由上而下贯穿于团体的每一个人，发源于高层，承启于中层，落脚于基层，三个环节缺一不可。如果执行力只停留在高层，那只是口号；如果执行力断流于中层，那只是计划；如果执行力从上到下贯穿到基层，关注每一个细节，那就形成了文化。一个好的执行力文化，能够让组织的执行体系高效运转。

在上述案例中，作为学校高层的校长，不仅高瞻远瞩，而且要求也很严格，不允许有丝毫折扣。领导的高标准、严要求，为学校高质量的发展做出了保证。但是，作为中层的执行者，缺乏魄力，在执行的过程中迁就老师的失误，不能立即想出更好的补救措施，使执行力大打折扣。而作为组织的神经末梢——老师，他们要完成的是具体工作，把每一件小事做到极致，把每一个细节落到实处，才能最大限度地提高执行力。就像校长平时常讲的："全校要一盘棋，要一个声音喊到底。"如果在执行的过程中，每个人都出现一点小失误,结果可想而知,长久下去,学校的执行力得不到很好的落实,办学质量将很难提高。

因此,塑造执行力文化是学校管理中非常重要的一环。如果没有一个健全的执行力文化,费力搭建的执行体系将无功而返。作为学校中层的教导主任,在执行和落实学校的每一项决定时,都应该不折不扣地关注细节,"零错误"执行,为老师们的执行力起到示范和引领作用。

(南京市游府西街小学　宁景位)

四、美术专职老师任教数学课引发的思考

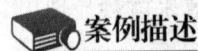
案例描述

某日,校报告厅教师会上,D主任开始宣布教师的任课情况:"……H老师担任二(1)、二(2)两班的数学课教学和三(1)、三(2)两班的美术课教学。"话音未落,H老师愤怒地站了起来,推开座椅(发出了较大的响声),夺门而出,留下了整个报告厅惊诧的目光。

不就是课务安排吗,H老师为何如此失控呢?

原来,她是一名美术专业老师,上学年刚刚参加工作。当时,学校数学老师缺编,领导请她先兼教一个班的数学,主教美术学科,并答应她下学年人员不紧张时,让她专职任教美术。可是,本学期学校增班,数学老师缺编情况更为严重,考虑到她上学年数学教学实绩很好,学校决定继续让她任教数学,以克服眼下困难,同时,基于长远的考虑,她的美术专业也不能丢,因此,给她分配了如上的课务。

当L副校长找到哭得不成样子的H老师时,怒气未消的H老师"咆哮"了起来:"没有哪所学校的美术老师任教数学的!太搞笑了!……我课务太重,受不了!……学校不是老师不够吗?我愿意自己出钱找代课老师!……"她口无遮拦,说了许多有碍学校尊严的话。众目睽睽之下,L副校长实在有些

难堪。

怎么办？！

调整她的课务安排，还是强行入轨，坚持原则？怎样处理她在众多老师面前的"狂野"？学校工作还要不要执行力？！

行政会上，A主任的意见是，维持原来的课务，对H老师进行严肃批评并责令其检讨。B主任的意见是，H老师造成的负面影响太大，必须严肃处理以正视听，一是在学校的年终考核中降低格次，二是在进修学校对青年教师试用期考核鉴定意见表中填上不合格。

 **案例分析**

近两年，在一所近20轨的大规模学校，课务安排成了一项令人头疼的事情。原因有很多，比如，由于"二孩"政策，女教师请产假、病假，要照顾孩子等，都希望课务安排轻一些；学校编制不足，上级分配的教师不够；生源爆满等。

如何在这样的大型学校中落实管理制度，让教师团队和谐发展，是学校在快速发展阶段给教导主任提出的一个新命题。上述案例中，开学初在这所学校发生的这件事，值得我们思考。

1. 当事教师角度

案例中，H老师的做法是有问题的，表达诉求的方式过激，应该给予批评教育。但是，如果把问题前置一点想一下，学校的管理有没有问题？在落实课务之前，找她沟通了吗？了解她的发展愿望和成长规划了吗？至少学校管理者应该向她说明如此特殊安排的原因，并请她帮助学校解决当下的困难，进而表示学校的谢意。不能一味地认为，学校的工作是大局，不需要打什么招呼！年轻人有什么困难不能克服，自己想办法去！

管理是做人的工作，尊重别人的内心是第一要务，多上一两节课，老师一般不会在意，心顺了一切都顺。

2. 教导主任角度

两位主任的处理意见都有训诫、惩罚的味道，看似有很强的"执行力"。但细想一下，有许多值得商榷的地方。对于第一种处理意见，H老师表面上可能会接受，但是，之后的教学质量就很难保证，她会有"胡"课的意识倾向，积极性将会受到重创；第二种处理意见过于偏激，忽视了对成长中的年轻老师的宽容、理解和关怀，容易激化矛盾，说不定会导致不可挽回的憾事。

"管理"要"管"在"理"上，不能有"管住"就是"硬道理"的强硬的思维方式。在管理中，要体现对老师将来切身利益的关照和保护，连这一点都做不到，老师"安全""尊重"的需求何以保障，何敢奢望"自我实现"的高层次需求？而老师"自我实现"的价值追求，将是学校发展的最大动力。

美国管理学家麦格雷戈的Y理论告诉我们，首先要相信老师是好的、向善的、积极的。事实上，这位老师在上学年帮助学校顶了数学岗，并且教学实绩很好，本学期，学校之所以还放心把两个班的数学课交由她代，足以说明她过去是好的，是叫人放心的。可是，作为管理者，为什么没有看到这一点呢？也许是当时情境下的"情绪"在作祟，干扰了我们的思维，屏蔽了我们的眼睛。

所以，只有先相信老师是好的，我们管理的前面才会是老师更好；如果我们的起点是老师不好，那么，管理的前面最多是老师变好了。这两种价值定位是不一样的。多一双欣赏的眼睛，也许管理者的心情也会好一些。

3. 执行力角度

透过这一案例，我们看到另外一种东西，那就是执行力。时下，学校教育管理中比较流行"强化执行力"的说法。似乎有了执行力，一切尽在把握中。强化执行力固然没错，但是，我们强化的应该是教育意义上的执行力，不能抱着没有蜕变过来的企业执行力来种教育的田。企业的管理可以是线性的，这样效率比较高；而教育的管理有丰富的层次，单纯的线性管理是不行的。企业的管理，目标是产品任务的完成，十分强调流程化，因此，流程中需要监工和计量分明的奖惩；教育是温润的，是做心灵工作的，是强调自觉和文化影响的。显然，仅靠大棒不行。

 策略与建议

1. 倡导以人为本的情感管理策略

一项工作和制度一旦宣布，确实要努力执行。本案例中的课务分工问题的处理办法，两位主任都希望坚决执行，但是，我们应该考虑一下 H 老师的想法。她是专职美术教师，任教两个班的数学，这是以数学为主，而不是以她的专业美术为主，这样的课务安排，难道事先不需要和她沟通，征求她的意见吗？如果事先与之沟通，在情感上让她觉得领导在决策前充分尊重她的意见，而且，让她在关键时刻帮学校解决困难，那么，事情是否就不会发生了呢？

所以，我们强调学校对于老师的管理，要实施以人为本的情感管理。这一理论在学校中应该大力推广。改善人际关系和上下级关系最好的办法是，给地位卑微者以尊重，给贫穷者以财物，给落难者以援助，给求职者以机会。案例中，应给这位美术老师以尊重，尊重她的专业，尊重她的选择。

如果我们建立了每学期征询意见和建议的制度，在课务安排方面，就会尊重教师的意见，采纳教师的金点子。当一些点子、提案和管理措施来自一线教师时，教师会更容易接受。

2. 提倡平等、对话的民主管理方式

H 老师对于课务安排的处理方式，确实有过分之处。但是，作为学校领导，应该和她谈心，进行对话式的交流和沟通，尊重她的权利，和她在心理上产生共鸣。

学校管理者要明白：其一，每个教师都有自己教学的自主权和选择权，这是教师法中规定的。作为一名美术专职教师，完全可以选择不教数学学科，学校的安排，其实质是让 H 老师帮助学校解决困难，因此，事先不沟通并征得她的同意，就强行安排，其实质是侵犯了 H 老师的自主权。其二，每个人

都有自己的思想与情感,当H老师发泄情绪时,学校管理者应该给予理解,即使她采取的方式不对,管理者也应该大度,给予谅解。教师是人而不是神,同样可以有犯错的权利,如果我们站在对方的立场感同身受,去思考问题,那么,我们在事后的处理上,就会晓之以理,动之以情,找她谈心,消除她心理上的隔阂,从而圆满地解决问题。

3. 让管理成为教师成长的加油站

管理者管理的最高境界,是激发并满足教师的精神追求,让管理成为教师成长的加油站。管理者要能够创设一种激励的氛围,让大家在这种氛围中有必须上进才行的意识。因此,在对待青年教师的成长方面,要宽容、理解、激励。比如,对于H老师的表现,不要急于下判断和做评价,避免一味上纲上线;找她谈话,容许申辩,她的申辩是难得的帮助她分析问题的机会,在与她谈话的过程中,坦诚接纳她的情感和体验,并且与她共同探讨学校的人事问题、课务安排问题。这样做往往能使双方找到圆满解决问题的方法。

(南京市银城小学　陈德中)

五、遭遇"刺头老师"

案例描述

那是某年该校举行的一次师生书画大赛。为了保证这次大赛能圆满地取得预期效果,大赛之前,学校特地成立了一个领导小组,进行了详细的分工,也制订了妥善的方案。

教师会上,李主任把整套方案进行了详细的解读,并时不时地用眼睛的余光扫视参会的每一位教师。很多教师赞许地点点头,或一副事不关己高高挂起

(图片来源:百度图片)

的样子，唯有这位"刺头老师"不时摇摇头或嘴角露出一丝不屑的笑。李主任见后虽然火气十足，但转念一想，也许他有更好的方案呢。

会议结束后，李主任走进办公室和校长谈到了刚才的一幕。校长说："就按刚才的方案做，不会有问题的。"虽然得到了校长的肯定，可那不屑一顾的笑总是在李主任的眼前晃荡着。怎么办？是显示权威，还是……

下班后，李主任径直来到这位"刺头老师"的家。他正在家里写毛笔字，看到李主任来只是抬头笑笑，便又钻进了他的书法世界。好尴尬！"有空吗？今晚我们在你家小酌几杯。"李主任讪讪地说道。

饭桌上，李主任慢慢地将话题转移到这次的书画大赛上。顿时如开闸泄洪，"刺头老师"滔滔不绝地说起来，原定方案上的瑕疵也一一呈现。待他说完，李主任毅然决定，本次大赛由他一手操办。当李主任把想法告诉他时，虽然他直摇头，可李主任分明看见他的眼睛里闪过的一丝亮光。

第二天一大早，一份更为详细的方案摆在了李主任的办公桌上。大赛如期举行，并取得了极大的成功。从此，这位教师工作起来干劲十足，这几年已成为学校的中坚力量。

案例分析

在某学校有这样一位中年教师，比教导处李主任早一年从晓庄师范毕业。论年龄，他只比李主任大一岁；论知识水平，他在李主任之上。这样的一位教师在学校可是一个不大不小的"刺头"，连校长对他也只有干瞪眼的份儿，毫无办法。可从李主任做了教导主任之后，他却能"俯首帖耳"，这其中的奥秘，从上述案例中可窥见一斑。

此案例显示出，学校的不同管理方式会有不同的管理效果。说到管理，人们自然会想到各种各样的规章制度、量化指标，并通过这些规章制度来体现管理者的意志，来规范全体教职工的行为，使一切行为都有章可循，有据可依。这种管理属于刚性管理方式。

在这样的管理制度下,全体教职工可以按照规章制度有序地运作,管理者和被管理者共同活动,相互影响,协调一致,有条不紊地做好各项工作。但是,我们还必须看到这种管理方式的另一面,由于各种条文比较多,对教师潜心于教科研、提高教学质量带来了不利的影响,尤其是对教师的个性发展影响更大。

就像案例中的这位教师,其实他并不是真正的"刺头",事后,教导处李主任和他的关系达到了空前友好的程度。私聊中,李主任发现,他的"刺头",源于三个方面:一是源于他的才能得不到发挥,总有一种郁郁不得志的感觉;二是源于对学校"马笼头"式管理制度有意见;三是他清高孤僻的性格使其与人沟通起来比较困难。而李主任此次不仅"俯下身子"与他沟通,更让他的一技之长得到了充分的发挥,让他充分享受到了应有的尊重。从那以后,他们成了真正的知心朋友。

因此,我们有必要重新审视一下我们的管理理念,把发扬教师的个性作为我们管理的主导价值取向,以教师为主体,体现依靠教师、发展教师的管理指导思想。

 **策略与建议**

1.树立以教师为本的管理理念

这里的"以教师为本"的管理理念,其实质就是,作为学校的管理者,首先应该站到教师队伍中去,认识他们,赏识他们,肯定他们,不要只看到教师的不足,而应该更多地用赏识的眼光去发现他们的闪光点。要重视教师的参与意识和创造意识,使教师的才能得到充分发挥,个性得到最完善的发展。以教师为本,即以人为本,重在激励。因为制度约束是基本约束,激励才是最高要求,激励机制才有利于人才发挥全部潜力。外在的约束是基础,内在的激励是升华。

2. 为教师搭建展示自身特长的舞台

马克思曾经说过:"一个人的发展取决于和他直接或间接进行交往的其他一切人的发展。"在当前管理中,为教师搭建展示自己特长的舞台,首先要创设一个有利的环境,"得人心者得天下"。

这事过后,李主任与校长进行了全方位的沟通,但凡是书画之类的事情全交给这位老师去做。虽然"人无完人",但只要他有一点闪光的地方,管理者就应该在不同的时间、不同的场合给予适当的表扬,真正做到"扬善于公庭,规过于私室"。

同时,此事在教师队伍中也引起了极大的反响。许多过去"事不关己,高高挂起"的教师,也积极参与到学校的管理和一切活动中,整个学校呈现出一种"人人有事做,人人找事做"的良好局面,从而使学校的管理工作得心应手、游刃有余。

因此,对教师的尊重与信任是调动教师积极性的重要因素。我们要学会尊重教师的人格,尊重教师的工作,尊重教师的合理要求。满足人的需要是激励机制的核心,管理的一个重要任务就是要给教职工创造一切机会来满足个人的发展需要。一个管理者可以不知下属的短处,但一定要知道他们的长处,知道他们的需要,为他们提供展示自身特长的舞台,让其充分发挥才能。

3. 强化教师的成功意识

在人生道路上,要想获得成功,其前提之一是要有自信心。一个人若有自信心,则意味着对自己持肯定的态度,相信自己的能力,从而进一步增强自信心,并促使其去追求更高层次的成功,即"成功—自信—又成功—更自信"的良性循环。棋界有句行话:"君子不赢头盘棋。"高手与陌生人下棋,往往故意输掉头盘棋,目的就是让对手有成功的体会,从而使其相信自己的实力,增强自信,激发对弈搏杀的劲头。

管理者要有意识地创造条件,帮助教师取得一些小小的成功,使他们在成功中看到自己的价值和力量,以强化自信心。要努力发现每位教师在工作中的"闪亮点",不嘲讽,多鼓励,尤其是对于那些缺点较多、能力较差的教师，也许一次小小的鼓励就会使其改变，从而激发他的潜能，使他成为一名优秀的教育工作者。

（南京市六合区龙袍街道新桥小学　谢家宏）

六、这样管理累不累

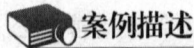

学校开始每月对教师的工作进行常规检查，主要内容包括：检查备课笔记、听课记录、作业批改情况（作业量、作业次数、是否规范及时）、单元检测情况（比较均分、及格率、优分率等指标），还有家访记录、和学生谈心记录、后进生转化记录、政治学习笔记、业务学习笔记、有无教学事故（是否迟进教室、是否早下课、是否有教案上课）、病事假缺课多少课时，等等。杂七杂八加起来共有十多项。每月月底最后一天，老师们都要将有关材料送到学校会议室，教导处要组织相关部门的中层干部，一项一项地检查，并且要有检查记录，最后给每个教师打分，作业不批改扣多少分，备课不规范扣多少分，等等，以此决定教师的月度奖励情况。

（图片来源：百度图片）

案例分析

教学"五认真"的常规管理是一件非常烦琐的事情。在实行绩效工资的背景下，如何抓好教学常规管理，如何将教学常规工作与考核挂钩以增强教师工作的积极性，这些问题不断地在考验我们的智慧和水平。

本案例所描述的是教学常规检查的一种常态方式。教学"五认真"检查，普遍采取的是检查、扣分的方式。主任查查查、扣扣扣，教师是被监督的对象，被当作必须要管的人，不管就不行。

这种检查方式，让教师感到很累，很压抑，负责检查的学校领导也很辛苦。如果每月都有这么多的检查，管理者和被管理者任务都很重，压力都很大。这样的管理，给全体人员增加了许多麻烦。

不查行不行？如果不查，确实有一些不太自觉的老师会偷懒，会不执行教学"五认真"的要求。那该怎么办呢？

 策略与建议

1. 管理思想上，遵循一定的管理理论

我们先来看一下美国管理学家麦格雷戈的"X理论—Y理论"，如图7-2所示。

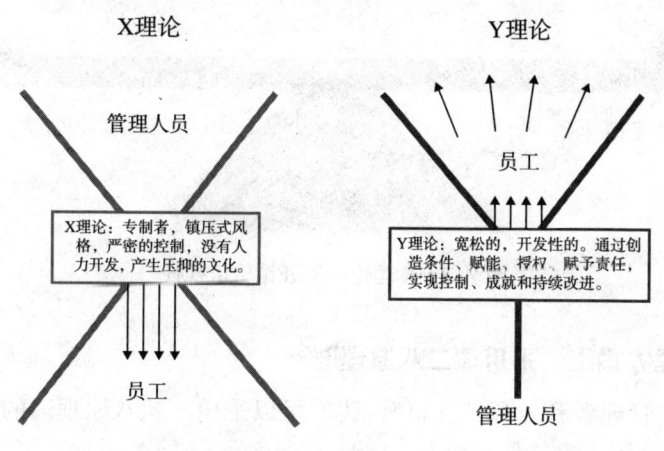

图7-2 X理论—Y理论

X理论认为，人们有消极的工作源动力，而Y理论则认为，人们有积极的工作源动力，即麦格雷戈的人性假设与管理方式理论。

麦格雷戈对人性的基本估计过于绝对和偏激。X理论过低地估计了人的能动性，Y理论则把人完全理性化。"X理论—Y理论"的贡献在于阐述了人

性假设与管理理论的内在关系,即人性假设是管理理论的哲学基础,提出了"管理理论都是以人性假设为前提的"重要观点。这表明,麦格雷戈已揭示了"人本管理原理"的实质。

那么,如何根据"X理论—Y理论"实施管理呢?

我们也可以说,X理论和Y理论是统一价值杠杆上的两个不同终端。如图7-3所示,我们从两者之中可以看出,不管你怎样看待教职工,对教职工提出目标并进行管理是完全必要的,既要尊重教职工,引导他们自觉地工作,又要制定科学严谨的管理制度,对教职工进行一定的纪律约束。在这个价值杠杆上,左端是X理论式管理,而右端是Y理论式管理,管理的标点应根据教职工素质、各个学校管理基础和工作特点等条件灵活机动地进行滑动。在教职工素质比较差、管理基础比较薄弱的学校,管理标点应该滑向左端,反之应向右端滑动。优秀的管理者应该根据学校的实际状况和教职工的素质特点,善于运用这个杠杆,讲究管理艺术,将教职工管理维持在一个高水平上。

图7-3 X理论—Y理论价值杠杆

2. 管理方式上,采用"二八原理"

如何给管理者和教师"减负",我们可以采用"二八原理"的管理方略,即"80/20原理"。100多年前,意大利经济学家帕累托发现,社会上20%的人占有80%的社会财富,80%的效益是由20%的优质资源创造的。一般而言,在日常工作中,重要的少数占20%,不重要的多数占80%,而这重要的少数却又影响了80%的成效。

"二八原理"不仅在经济学领域应用广泛,在管理学领域应用同样广泛,即在管理中要抓住重点事件、重点人群进行管理。比如,对于少数绩效好的教职工要特别关注,并控制人员的流动;少数新进人员是造成教学质量不好的主要原因,对于这部分少数人,应加强工作指导;少数教职工经常请假,班级管理不善等,是造成管理困难的主要原因,应多关注、沟通。

按照这样的管理方式,对于教学"五认真"检查,可以采取以下方法。

①抽查式检查,可以抽查年级或是班级,也可以抽查学科,抽查教师(对于教师的抽查,可以根据不同的人群进行重点检查),这样可以减轻检查的负担;②互查,发动同一学科教师相互检查,取长补短,学习他人好的经验,这样,检查和学习相结合,也减轻了大家的负担;③自查和抽查相结合,自查就是根据学校"五认真"管理的相关要求自己检查,然后由教导处组织抽查。

抓住重点管理的思路,可以让我们学会避免将时间和精力花在琐事上,学会抓主要矛盾。一个人的时间和精力是非常有限的,要想真正"做好每一件事"几乎是不可能的,要学会合理分配时间和精力。面面俱到还不如重点突破。把80%的资源花在能出关键效益的20%方面,这20%方面又能带动其余80%的发展。

(南京市教师培训中心 王亚娴)

他山之石:美国的教师管理及启示

本章中的案例呈现了学校管理中的数种现状:或为面向全体的考勤管理、工作分配管理、常规工作检查,或为面向个体的任务安排,或为突发事件中的管理。所有这些管理,不外乎两个方面:其一是制度管理,其二是管理时要讲究方

(图片来源:百度图片)

法。案例中的教导主任积极探寻问题的源头，尝试解决问题的办法，最终难点得以突破。有些教导主任解决问题的措施不仅实现了矛盾的转化，还达到了管理的增值。那么，国外或者境外的学校管理是否也存在问题？学校管理者是如何解决这些问题的？他们的管理制度又是怎样的？下面请看美国的教师是如何进行管理的，对我们有什么启示。

在教师管理上，美国的学校非常重视制度管理，并且十分讲究管理的方法和策略。

一、美国的教师制度管理

我们来看看美国的制度管理有哪些，又是如何实施的。

1. 美国教师资格证书制度

和许多发达国家一样，为保证教师的专业发展和教学工作的专业水平，美国普遍实行了教师资格证书制度。教师资格证书与学历证书并行，互不替代。美国的教师资格证书经历了一个从重数量到重质量，从低标准、宽要求到高标准、严要求，从各县、各州分散到全国逐步统一标准的完善过程。1989年，美国国家专业教学标准委员会提出四项"核心建议"来作为国家教师标准的基础："①教师对学生及其学习负责，教师熟悉所教科目，并知道如何将其传授给学生；②教师负责管理和组织学生的学习；③教师要对他们的经验进行系统思考并从经验中学习；④教师是学习化社会中的一员。"教师资格证书的种类涵盖音乐、艺术、早期幼儿教育、英语不流利学生的教育等20余个教学领域。

2. 美国教师聘任制度

在教师管理上，美国十分重视动态管理与静态管理的有机结合，注重做人的工作，体现出以人为本的管理特点。在动态管理上，实行聘任制度，对教师的要求比较严格，头三年只能一年一年签订聘任合同，第四年开始有很长的合同期，基本属于永久合同，但是，即使是永久合同，学校也有权开除教师。从第四年起,开除教师要有很好的理由,要有详细的评价记录,并且能够证明,否则教师可以到法庭上控告学校。

因此,美国在教师评价上也有自己的特点,他们对教师的评价侧重于表现和品行两个方面,详见表7–1所示。

表7–1 美国教师评价表

表现	品行	处分
1. 表达能力 2. 与同事相处 3. 学生成绩的提高	1. 有无打击学生 2. 有无偷窃等不良行为	1. 口头警告 2. 书面警告(可就怎样帮助他制订计划,如培训、老教师带等,这个计划可以是1—3个月) 3. 停课一天(三个月内表现不提高,可以停课一天) 4. 终止合同

3. 美国教师培训制度

学校会给教师创造各种学习机会,比如,假期学校、大学进修部、教师读书会、教师研习所等。近年来,在联邦政府的推动下,各地区纷纷设立了"教师教育中心"和"教育服务中心",以便及时为在职教师举办各种进修活动,引导教师树立终身学习的观念。

学校在教师专业发展学习上,经常采取的方式如下。

(1) **重交流**。校长经常做的事情是,让教师之间相互交流。校长、社区人员、其他教师到课堂听课,教师会真诚地接受别人听课,公开自己的优缺点;对于教学中的问题,教师都会毫无顾忌地告诉大家,经常进行互动反思性对话,分享经验和成果,相互之间有善意的批评,以此来提升专业水平。

(2) **重互学**。教师经常去听其他教师的课,并填表:我从你的课上学到了什么?所填的表格会返给执教者,双方共同学习。

(3) **讲合作**。美国教师经常采用的合作学习方式是,校长要求大家看五本书。他们经常是一位教师看一本,不需要看完五本;有时候是一本书由一组老师看完,每位老师看一两章,最后大家相互交流,共同提高。还有,两个老师在同一堂课中共同教学;对于家长通讯录,每人写一部分等。(学生也是如此,比如,对于一项作业,有人负责查资料,有人负责画画,有人负责答题等,学生一起合作完成一项任务。)

(4)共分享。教师有共同的目标、方向、结果,在学生有优秀的成果、教师有突出的成绩后,大家一同分享。

4. 美国学校的组织制度

美国学校的组织管理,采用的是扁平化管理制度,管理组织结构少,行政人员少。笔者列举了自己2002年对犹他州三所学校的考察情况,详见表7-2所示。

表7-2 美国犹他州三所学校师生情况调查表

校名	学生数	教师数	班级数	行政管理人数	学生指导员人数
联邦维尔小学	470人	19人	1—6年级18个班,每班22—26人	校长1人	4人
东区高中	2000人	95位教师 30位员工 6位清洁工	9—12年级	校长3人	5人
西区高中	2200人	99位教师 80位员工 13位秘书	6—12年级	校长3人	5人

从上表中可以看到,学校管理中无中层干部,校长直接管理教师,每天的作息时间为上午9点至下午2点,因此管理属于扁平式的,没有什么中间环节。而学生指导员是美国犹他州学校的一个特色,学生指导员的任务是给学生订计划,排作息时间,进行心理指导、升学就业指导以及解决学生随时出现的问题等,不兼课,大约每人管400人。

二、美国教师制度管理的启示

1. 教师的管理，讲究"制度第一"

美国对于教师的管理，突出制度化。特别是教师资格证书制度，要获得教师资格证书非常不易；其次是聘任制度，也是非常有效的教师管理制度，一般在前三年，学校随时可以和教师解除合同，所以，教师在前三年的教学非常重要。

其实，这个前三年相当于我国教师第一年的实习期。我国教师的从教第一年是实习期，如果不合格就不会被聘用，而后，基本上是正式教师了，一般情况下，学校无法解聘。教师成长的关键期就在前三年，美国教师在前三年的工作会随时被考核，不合格就不被聘用，这在客观上促进了青年教师去认真学习、认真钻研、认真教学，对于青年教师的成长很有帮助，美国这种聘任制度非常有利于青年教师的成长。因此，如果一年实习期满后，在后三年的聘用上，我们向美国学习，前三年一年一年地签合同，如果考核不合格随时解聘，这将有助于青年教师的成长。

2. 教师的管理，突出"以人为本"

无论是管理还是教育教学，都强调以人为本的观念，要求做到科学素质与人文素质并重。美国对学生的教学非常注重增强学生学习的自信心，变淘汰教育为"我行教育"。同理，在对教师的管理中，也是如此，一方面抓教学"五认真"，另一方面给教师创造条件，充分尊重教师，相信教师，促进其健康成长。

在管理中，我们也要学习以人为本的管理理念，它不仅能有效地调动教师的工作积极性，而且能增强教师的主人翁意识，进而提高管理效率。

3. 教师的培养，重在"自主参与"

在培养教师方面，重在自主参与。美国学校不是要教师学习，而是激发教师自主参与学习。校长会定期举行教师之间的教学交流会，促进教师互相听课,鼓励教师参加进修,培养他们终身学习的观念。他们采取的学习方式有以下几个特点:重交流,让教师在日常的教学中平等且无顾忌地交流自己切身的教学体会;重互学,重视相互之间的学习;讲合作,一般情况下,美国学校都有助教制度,多是两位老师合作上课;共分享,对于教学目标及成果,强调一同分享。

"交流、互学、合作、分享",这样的培养观念也正在我们的校本研修中得以实施,我们的校本研修正朝着这样的研修方式而行。

4. 组织管理,实行"扁平化管理"

美国学校的组织管理没有中间环节,没有层层制约,是校长直接管理教师。这样的管理,短平快,有效率,校长没有其他杂务,不需要去争取项目、争取经费,只负责在学校抓好教育教学,促进教师的专业发展。这样的学校管理,是单纯的业务管理,少了许多盘根错节的事情。目前,我国香港地区的学校采取的是"一长助理"制度,也就是只有一位校长,然后有几位助理,没有中层干部。"一长助理"制度有助于减少管理的中间环节,提高管理效率,值得借鉴。

(南京市教师培训中心 黄银美)

第八章

教导主任与自我发展

本章首先对教导主任的自我发展进行了简单阐述，接着以一个主题辩论会案例，来说明教导主任和自我发展之间的关系，最后是八位教导主任对于自身成长故事的讲述，故事中的道理十分清晰：管理与自身发展并不是一对矛盾，管理本身就是自身发展的一种样式，管理其实更是专业成长的推进剂。这些案例的作者大多是从教导主任岗位成长起来的副校长、校长，相信他们的成长经历会给我们一线的教导主任带来不少启示，值得大家借鉴学习。

（图片来源：百度图片）

> 自我发展：客观认识自我
> 　　　　　　积极了解社会
> 　　　　　　　　认真规划未来

自我发展简介

一、什么是自我发展

词典上对"发展"的解释是:发展是一种变化、进步的过程。笔者认为,"发展"的要义是正向的前进,因此,"自我发展"就是自己的一种积极改变和进步。

如何理解教导主任的自我发展呢?首先,教导主任是教师,"自我发展"当然是指他作为教师的专业发展,包括专业的理念与师德、专业知识、专业能力;其次,教导主任作为管理者,"自我发展"当然也包括管理理念、管理知识以及管理能力上的全面提升。

二、自我发展方法

(1)**客观认识自我**。认识自我,发现自己的优势和劣势,扬长避短,才能使自己全面、健康、协调地发展;认识自我,要对自己的岗位定好位,知道作为教师的"我",专业应该怎么发展,首先要做一位好的学科教师,才能成为一位优秀的管理者,同时更应该清楚,作为教导主任的"我",该如何定位、如何成为校长的得力助手。

(2)**积极了解社会**。经过改革开放30多年来的沧桑巨变,我国的经济水平和综合实力已经达到了一个相当高的水平。作为一名教育管理者,要了解国家和社会的变化、改革要求,了解教育方针和培养目标,了解法律、经济、文化、科学等社会动态;要倾听社会、走进社会、融入社会,只有把握社会发展的趋势和脉搏,自身的发展才不会落后于时代的要求。

(3)**认真规划未来**。只有发展,才有进步;只有科学的发展,才是可持续的进步。教导主任不仅要学会往下看、往后看,也要学会往上看、往前看,也就是说,要在充分认识社会现状的基础上,认真规划未来。不仅应该规划自己的未来,更要思考学校的未来发展,并将自身的未来设计与学校的未来规划有机地结合起来。

从一场辩论会看教导主任与自我发展

辩题:教导主任的教育管理工作与自身专业发展之间有矛盾吗?

【正方观点】

教导主任开展教育管理工作成就了广大教师,同时成就了自身的专业发展。

【反方观点】

教导主任忙于事务、疲于奔命,"种了别人的地,荒了自己的田",自身专业发展会比较难。

【辩论人员】

教导主任培训班学员。正式辩论人员8人;全班学员分成两个大组,成为正反两方的亲友团,在辩论中,可以参与发言辩论。

【辩论流程】

提前半个月做好准备,正反两方学员根据要求,自己确定一、二、三、四辩辩手,并且在各自准备的基础上,进行小组讨论、交流。然后,参加正式辩论,专家点评,评选最佳辩手和最佳亲友团成员。

【辩论实录节选】

正方一辩:我代表我们辩论组阐述我方的观点:教导主任的管理工作成就了广大教师,同时促进了自己的专业成长。之所以坚持这个观点,是基于以下几点原因。

首先，我们要清楚教导主任身为管理者，要管理什么？大家应该都会认为，最常规的工作便是督促教师，深入教学第一线听课、评课，参加教研活动等。就拿一个细小的管理工作——听课来说，不管教师的课上得成功与否，都是学习的过程，作为教导主任，要思考这节课好在什么地方，对自己的教学有什么帮助，不好的原因又是什么，自己如何避免及帮助上课教师解决出现的问题。与教师的交流无疑促进了教师的成长，也促进了自身的专业发展，可以说，管理的过程就是自己专业发展的过程。

从教导主任的定位来看，教导主任是引领者，是榜样。一个优秀的教导主任，其最大的价值就在于，能运用自己的思维特质、教学及研修能力充分发挥教育教学的引领作用，运用自己的影响力和感召力去实现"带头"和"促进"作用。这必然要求教导主任不断加强自身专业素养，去研究问题和解决问题。比如，很多教导主任负责学校的校本研修工作，现以案例叙事的写作培训为例来说明。作为主持人，教导主任必须深入学习各种优秀作品，对案例、叙事的写作方法了熟于胸，基于自己娴熟的业务水平，才能培训好教师。所以，一个富有责任心的教导主任，必然会结合自身的管理工作促进自己专业素养的提升。

不可否认，从教导主任的负担上看，管理任务确实繁重，如果要求面面俱到，刚开始接手时一定会手忙脚乱。而经验丰富的教导主任却能做到游刃有余，为什么呢？因为一个有心的教导主任在管理过程中，必然会从专业角度不断积累经验，因而解决问题的方法会不断改进，解决问题的能力会不断提高，排课、调课更有技巧，和教师沟通更富有艺术性。这也是教导主任自身专业得到发展的最终结果。

从教导主任的发展方向上看，可以说，大部分校长是从教导主任这个工作岗位提拔上来的。之所以能够得到提拔，首先必然是在教导主任这个管理岗位上积淀了丰富的管理经验，同时在自己的教学、科研等专业方面有所建树，能拿出示范教案，上好示范课，做好研究，是指挥教学工作的"行家"。正是通过管理工作这个平台，教导主任进一步促进了自身的专业发展。

最后，再次重申我方观点：一个有责任心、富有创造力的教导主任的管理工作必然会与自身的专业发展紧密相连，成就了广大教师，最终也促进了自己的专业成长。在这里，我给教导主任加了一个定语就是，有责任心、富有创造力。一个不善于思考、将管理工作与自身发展相分离的教导主任，还能不能胜任这份工作，我想在对方辩友、在所有与会教师的心中应该有一个答案了。

反方一辩：我代表我们辩论组阐述我方的观点：教导主任忙于事务、疲于奔命，"种了别人的地，荒了自己的田"，自身专业发展难。下面以一位教导主任的叙述和一组数据来说明我方的观点。

请大家先看一位教导主任的叙述。

实在不知道时间竟过得这样快，从上次培训回来后似乎就没有闲下来过。这学期时间紧，每天除了要赶进度完成正常的教学工作，还要组织教师参加上上下下的竞赛活动：区"希望杯"赛，区英语优质课竞赛，区品德学科竞赛，区青年教师基本功竞赛……自己还要完成半天的听课任务，学生的活动也不少：参加区"书香班级""读书小明星"评比，参加区"美诗文诵读"竞赛——出于"安全考虑"，美诗文竞赛不是以现场竞赛的形式，而是各校采取摄像形式，送交录像参赛，于是又凭空生出一堆事……周五就要比赛了，学校周五要组织春游，今天下午必须要录完像，趁周四前送出去。下午还要进行全校"希望杯"赛课研讨交流。对了，今天还得完成一份期中检测卷、一篇听课感想。

南京市教育科学研究所说要在4月份进行教育案例和教育叙事的评比，已经布置老师们写了，总觉得自己也应该积极参加吧？还有学校的课题，上学期就准备结题了，可直到现在，课题报告还没有影儿呢……

各位领导、各位老师们，我们教导主任在学校每周都这样周而复始地循环着,忙不完的工作,写不完的稿子,办不完的事情,再看看我们的工作任务有多少呢?

组织管理教学工作(10项)

①确定学校教学工作管理的目标和重点,制订学校教学工作计划,使学校教学有计划、有步骤、协调运行。

②健全教学管理的组织系统,明确有关机构和人员的职责,发挥教学管理机构和人员的作用。

③加强教师队伍的建设,不断提高教师的素质。

④完善学校教学工作各项规章制度,建立良好的教学秩序。

⑤充实教学设备,改善教学环境,组织好为教学服务的各项工作。

⑥发挥教研组、备课组作用,开展校本教学研究活动,促进教学改革。

⑦组织对教学质量的考查和评估工作。

⑧深入教学实际,加强检查指导,及时总结教学工作经验,提高教学质量。

⑨积极组织开展教育科学研究,引导教师根据学科特点和教学实际需要开展校本研究,改进教学方法,使用先进的教学技术手段。

⑩坚持走群众路线,依靠教研组长、年级组长,在常规检查、平时抽查的基础上,做好教师的月考核和学期考核工作。

师资队伍建设(7项)

①加强教师职业道德建设,组织好政治思想教育、教育法规、师德规范学习,进一步端正教育思想。

②关心教师,提高教师的文化素质,鼓励他们积极参加业余文化进修学习,在排课上给予支持,在时间上给予保证。

③每学期在教师中组织开展岗位练兵,通过课堂教学竞赛、说课、评课、"三字一话"等基本功比武活动,实现教师教学基本功的进一步提高,尤其不放松对青年教师的辅导、督促与检查。

④组织教师积极参加校、区、市、省教育主管部门开展的各种类型的教学竞赛活动，做到在活动中培养，在活动中帮助和提高。

⑤每月组织一至两次校本研修活动，与教学研究和教育科研融合在一起。科学设置课程，合理选择研修内容，采取教师互教互学的形式，让教师成为研修的主体。

⑥加强骨干教师的培养工作，提高教学质量。鼓励骨干教师开展教育科研课题的研究；优先安排骨干教师参加各种培训，创造机会让骨干教师发挥作用（上示范课、参加评课、进行教材分析、做专题讲座等）；加大骨干教师奖励力度，鼓励骨干教师脱颖而出。

⑦抓好"青蓝工程"建设，做好青年教师的培养。

组织管理体卫艺工作（6项）

①领导和组织学生开展课外科技、文娱、体育、读书、美术、书法等活动，丰富学生的课余生活，开发学生的潜能，培养学生的创造能力。

②关心学生的身体健康，认真贯彻落实体育、卫生工作条例，增强学生的体质。

③认真检查贯彻体育课程标准情况，切实提高体育课质量；根据学校实际情况，积极组织开展学生群体体育活动。

④指导卫生老师制订学校卫生工作计划，及时检查总结。

⑤加强预防近视工作，严格控制近视的新发病率。

⑥注意防治流行病、常发病以及伤害事故的发生。

组织领导教务工作（7项）

①做好教育、教学资料的归档工作。

②组织好一年级新生入学相关工作，整理好报名资料。

③做好编班工作，把年龄和知识水平相同或相近的学生，按照定额合理分配，组成平行班，切实从实际出发，以便实施教育教学。

④编制课表。课表规定了学校教学工作的科目安排、进行秩序与节奏，是教学工作顺利开展的保证。

⑤做好学生学籍档案的管理。
⑥做好教师业务档案的管理工作,及时记录、搜集、归类。
⑦做好教务统计工作。

(引自黄银美主编《教务主任的工作艺术》)

从以上数据可以看出,教导主任在学校的管理中共有30项任务要完成,你说我们能有多少时间来为自己的专业发展做事情呢?人的时间和精力毕竟是有限的,有许多教导主任就是这样整天忙于事务,荒废了自己的专业。所以,我方的观点是:做了教导主任,真的是"种了别人的地,荒了自己的田",根本就没有时间来发展自己的教学专业。

正方二辩: 我从四个方面来论证我方的观点。

1. 字面理解"教导主任"

所谓"教导",顾名思义,应是对教育教学工作的引导、指导,这就要求教导主任必须具备过硬的教学能力,成为教学上的内行。

2. 压力带来成长的动力

作为教学工作的组织者和领导者,教导主任必须一般地了解各门学科的课程标准,熟悉教材内容,明确各科教学目的、任务,并深入钻研一门或几门学科的教学,这样,才能为教师树立榜样,带动教师深入钻研教学业务,检查各年级、各学科的教学目标达成程度,及时指导和控制,全面提高教学质量。

作为教学工作的组织者和领导者,教导主任必须站在一定的高度,掌握先进的思想和理念,具备精深的专业知识和相当程度的理论水平,这样才能领着自己的团队前行。

3. 借烦琐的工作锻炼自己的能力

(1)摆正心态。实践工作让我们认识到,工作不是沽名钓誉、争权夺利,教导主任的工作有很大一部分是为老师们服务、为学校发展服务的。个体的力量是有限的，我们在一个团队中生活，只有将这个团队建设得更强，我们自身才能更好地成长。

（2）**学会承担**。在面对各种烦琐的工作、复杂的关系时，如何化解矛盾冲突，引导工作向积极的方向发展？在面对突如其来的各种工作压力和任务时，如何争取支持和帮助，调动老师们的积极性，有效地完成任务？这样的历练能够使我们迅速地成长起来，面对各种工作情景都能从容地分析问题、理清思路，并稳妥地开展工作。

（3）**从小事做起**。从岗位工作做起，扎扎实实地做好每件事，是我们锻炼成长的基本途径。

4. 学会在工作中学习

作为教导主任，在教学上必须以身示范，深入第一线亲自抓教学，要求别人做到的自己必须先做到，安排别人做好的自己必须先做好，要以能力服人，以业绩服人。听课、评课是教导主任工作中的重要内容，在听课、评课过程中，我们要有准备地进教室，和老师一起准备、一起思考、一起探究，这样不仅可以帮助老师成长，而且还能促进自己的发展。

反方二辩：刚才我方的一辩已经用事实说明了我方的观点，我再次加以论证如下。

教导处事务性工作多，接触人员比较广，花费时间相当长。教导主任必须全身心地投入工作中，才能完成总管学校教学工作的重任。

人的精力是有限的。面对教导处纷繁复杂的事务性、人际关系等一系列工作，要想在个人的专业上有所发展，有所成就，必定要牺牲对家庭的照顾，牺牲个人本来就已经少得可怜的休息时间。在不增加工作负担和工作时间的前提下，教育管理能力和专业能力的双向提高可能只是我们的理想。所以说，教导主任忙于事务、疲于奔命，自身专业发展难。

正方三辩：先提三个问题：

提问反方一辩：你是哪一年参加工作的？又是什么时候被任命为教导主任的？

提问反方二辩：你认为教导主任服务的对象包括老师吗？

提问反方三辩：你觉得你在教导处所承担的教育管理工作与校长所面对的方方面面的工作比起来是多还是少？

再质辩小结：教导主任普遍的成长过程是，普通教师—教学骨干—教研组长—教导主任。经历这一过程的教导主任理应是教学方面的能手，应该说，教导主任是学校的业务领导，过硬的业务能力是建业立身之本。一位优秀的教导主任，必须是教学的行家里手，在教学方面有一些拿手的"绝活"，以技服人，并且要不断提高，始终保持引领的优势，为其他教师所学习、效仿。如果我们因为从事了教育管理工作，而影响了自身的专业发展，那么会使我们的管理如无源之水、无本之木，并逐渐走向空洞和苍白。所以，自我们成为教导主任的那一天起，就意味着我们必须以新的观念、新的知识、优秀的素质，成为服务于广大教师专业成长的助手……试想，要成为其他教师专业成长助手的我们，又怎能因教育管理工作的琐碎而延误自己的专业成长呢？至于应该如何在从事教育管理工作的同时促进自身的专业成长，我方一辩已经进行了详细的阐释，我就不再赘述了。

我想，教导主任所从事的教育管理工作之多、之繁杂无论如何也不能与一校之长相比。远的不提，就说我们玄武区的孙双金校长和阎勤校长，他们不仅是校长，还是江苏省优秀的特级教师。而我区选送的即将参加下一批江苏省特级教师评选的候选人又无一不是学校的校长或是副校长。作为校长，他们都没有在成就学校的同时影响自己的专业发展，试问，我们又如何能以事务之多为借口，影响我们的专业发展呢？

最后，我想告诉反方辩友，我们都是教育事业的细胞，只有我们每个细胞都被激活，教育事业才能充满生机和活力。所以，不要因为烦琐、复杂而舍本逐末，别人的地要种，自己的田也要耕，如果我们捧着一颗责任心来，在工作中投入善于创造的慧心，相信我们一定能获得管理与自身成长的双赢。

反方三辩：我也有三个问题提问对方辩友。

提问正方一辩：请问对方一辩，教导主任到底姓"教"还是姓"管"？

提问正方二辩：刚才我方一辩列举了教导主任的 30 项工作，请问对方二辩听了之后，有何感受？把成就教师比作"鱼"，成就自己比作"熊掌"，鱼和熊掌能否兼得，请对方二辩谈谈自己的想法。

提问正方三辩：对方的观点是成就了广大教师，同时成就了自身专业发展，请对方三辩举一个具体的案例。

质辩小结：你们刚才说了许多，只是理想的状态，教导主任如果全身心地投入管理工作中，哪有时间发展自己？下面我再举一个例子，来说明教导主任在专业发展上的无奈！

这是一位教导主任写的：

清晨，打开教导处的门，琐碎繁杂的事务一一扑面砸来。近乎是机械地凭着尚温的职业良心劳作着，恨不得每天下班在重重地带上教导处的门时也将这些和自己远远地隔离，可不争气的脑细胞总还在回家途中，甚至是在晚上休息时，不时地舞动着工作的一二三。常常笑自己"劳碌命"，不停地奔波于教务日常管理与培养教师专业发展之路上。回头想想，自己的论文没时间写，自己的课题没时间研究，我的专业怎么办？当了教导主任不得不放弃自己的研究，其实心不甘啊！因为自己是教导主任，所以，遇到一些机会，必须让步于一线教师；因为自己是教导主任，所以，在职称评定等重要的专业发展标杆上，自己难以平衡，只能做到让让让……

各位主任，你们可能也遇到过这些事情，做了教导主任，只能是垫脚石，只能为他人做嫁衣，否则，老师怨恨你，校长也埋怨你，因此，很多教导主任就这样一直在这个岗位上默默付出，自己的专业也消耗在日常的管理中了。如果将教导管理工作比作"鱼"，自己的专业发展比作"熊掌"，那么鱼和熊掌真的是不能兼得的。

（自由辩论，略）

正方四辩：各位辩友，各位同人，下面我代表正方做总结陈词。

从教导主任的职责来看，教导主任要在校长的领导下，协助教学副校长做好工作，要遵循党的教育路线和方针政策，努力完成上级教育行政主管部门交付的教育教学任务。因此，教导主任比一般教师更需要同时更能够把握教育方向，这有助于自身的专业发展。

从教导主任的具体工作来看，教导主任是教研活动的总策划，要建立一支精干的教研队伍，使教研有组织、有计划地进行，要认真开展教研活动，坚持教学常规与深化教学改革并重，要通过教研组织带动广大教师努力学习现代教育理论和教学思想，借鉴国内外先进的教学经验，做到以研促教，不断提高教师业务素质。在此过程中，教导主任必须以身作则，起到带头作用，这促进了自身的专业发展。

诚然，教导主任也承担着大量繁杂的事务性工作，比如表册的编排等。俗话说："会做的不累，累的不会做。"只要谙熟工作技巧，就能事半功倍地完成教导处工作。

从身边的实例来看，在我们的同行中，不少特级教师在自身的专业上有较高的成就，同时也担当着行政工作，也曾就职于教导主任的岗位。可见，这些实例能够证明，教导主任开展教育管理工作成就了广大教师，同时成就了自身的专业发展。

在现实工作中，作为教导主任，我们的确承担了非学科教学方面的任务，要占用一部分精力，但只要有着对自身专业的不懈追求，就有更多的优势从工作中收获经验，成就自身的专业发展。

所以，我方理直气壮地说：教导主任开展教育管理工作成就了广大教师，同时成就了自身专业发展。

反方四辩：各位辩友，各位同人，我代表反方来做总结陈词。

教导主任出身于民间，在教师中表现优秀、脱颖而出。他们一旦坐上这个位置后，自身的专业发展较以前缓慢了许多，因本身有着良好的功底，方能在日常学习实践中汲取养分，维持"生命"。

我查阅了10余所学校的教导主任的职责，字里行间无不充满着"忙于事务"：爱岗敬业，关爱学生，督促广大教师刻苦钻研、严谨笃学，淡泊名利、志存高远。

在学校，教导主任们服务于尊敬的校长、敬爱的老师、可爱的学生，工作做好了，学校才能和谐；许多教导主任还兼任主妇，在家里，操持家务，管理孩子，家务管理好了，家庭才能和谐；学校和家庭都和谐了，社会才能和谐。无论对内对外，教导主任都是服务者的角色。这就是教导主任的伟大贡献。因为无私，教导主任们牺牲了自己的小和谐，成全了社会的大和谐；因为无私，注定教导主任在管理和自身发展方面不能平衡。很多同行的感言是，教导主任真的干着累。

教导主任是教育教学的管理者，本身也是教师；教导主任事无巨细，但教导主任又无法事必躬亲；教导主任有一定的权限，但教导主任最好不要拍板；教导主任有人想当，但有人埋怨；教导主任有人不愿意当，但教导主任毕竟要有人当。再加上现在教师方面的比赛不少，选拔教师参赛前，教导主任理所当然是后盾，花了时间和精力，取得好成绩了是老师的水平高，如果得不到名次，那就是吃力也不讨好了。我几乎没有时间去想工作中的烦恼，因为学校事情太多，没有烦恼的时间。常有高人说，"时间像海绵里的水是可以挤出来的"。学校工作的时间不能挤，不能因私废公；家务的时间不能挤，因为觉得对不起家人。能挤的只有自己梳妆打扮的时间、上街购物的时间、读书看报的时间、和朋友联络的时间。把睡觉时间挤出来还是可以的，不然为什么我们教导主任每天都像国宝熊猫似的呢？

试想，在如此背景之下，有几位教导主任能成为特级教师或校长？教导主任不是生活在真空中，更不是神仙下凡。说到这儿，不禁汗涔涔而泪潸潸了，教导主任们表面的坚强掩饰不了内心的脆弱，曾经教师中的"精品"如今却遇到了自身发展的瓶颈。

老师们，你们说，做一个教导主任容易吗？教导主任的自身专业发展容易吗？

……

【辩论分析】

设计主题辩论的目的主要有以下几方面。

（1）**了解如何处理好日常管理工作与自身专业发展的关系**。通过辩论，让大家了解，作为教导主任，其专业除了自身的教学专业外，管理的专业学习和发展尤为重要。不难发现，反方的观点都是在陈述工作如何繁忙、如何艰难，时间不够。其实，反方的观点正好说明了以下两点。

第一，教导主任要研究管理规律，掌握管理中的授权原则，能够巧妙地运用授权原则，适度授权，这样才能腾出自己的时间，才能在发展别人的同时，发展自己；如果教导主任不能很好地分工和授权，什么事情都事必躬亲，那么再好的领导都会荒废了自己的专业。

第二，教导主任要掌握好管理工作的方法和艺术。工作很累、很忙的时候，不妨冷静地想一下：你是否做了不该做的工作？你是否学会了合理分配时间？你是否能够把握工作的重点，做一些牵一发而动全身的关键性工作，做到在工作上井然有序，每天都能抓住主要问题和主要矛盾，做到事半功倍？

以上两点，事实上都已蕴含在辩论中。

（2）**锻炼学员的思维能力和表达能力**。组织辩论的目的是为了促进学员主动去思考和研究管理中的一些问题。辩论本身是一种锻炼、一种训练，有利于锻炼学员的思维能力、口头表达能力，训练学员对问题的辨析力、现场的反应力等。同时，通过辩论，让学员广泛学习，从而主动汲取一些管理的理论和实践知识。比如，大家在辩论时都说教导主任的工作确实很忙，但优秀的教导主任在忙的同时成就了教师,也发展了自己,平庸的教导主任则手脚忙乱,一事无成。我们希望通过辩论,引发教导主任们思考:在教导主任岗位上,研究管理的规律、掌握管理的方法尤为重要。作为教导主任,一定要清楚自身的专业发展,管理专业和教学专业要同步发展,而且这种发展是相辅相成的,一位优秀的管理者必然是教学上的能手。

(3)体现了培训的理念。我们的培训理念就是解决学员的问题,让学员自己解决问题。关于这个辩题,我们没有现成的讲座,而是让学员自己去学习,自己去理解辩题,在实践和活动中提升自己,在辩论中丰富自我,磨砺自己。在实际操作中,我们没有排练,没有预演,严格按照辩论会的形式进行真实的辩论。各位主任唇枪舌剑,旁征博引,你来我往,各抒己见,辩论会掀起一浪又一浪高潮。嘉宾的点评恰到好处,不断给学员带来新的启示。学员参与了这样的研修活动,会以自己研修的亲身体验来培训教师,将我们的研修方式迁移到校本研修中去。

来看我们学员的培训感想:

丁维兵老师说:这样的辩论是第一次经历,经历是一个人一生中最重要的资源,积累是一个人获取成功的基础。机会对于每一个人来说都是平等的,但是你的积累和经历将会帮助你成功。我非常感谢有这样的机会参加辩论,我想,在我们学校的校本研修活动中,可以多举办这样的主题辩论会,来突破校本研修中"只有说话,没有对话;只有发言,没有交流和辩论"的瓶颈。

刘莹老师说:回顾那次辩论会,我们八位选手旁征博引,据理力争,悬河注水,特别是女选手不失女士的温文尔雅,辩才敏捷,能言善道。在那次活动中,又有许多优秀的教导主任脱颖而出,不禁感叹南京的教育界真是藏龙卧虎。"眼界决定境界",这话一点不假。此次培训活动,各位主任充分发挥自主性,既是活动的组织者,也是参与者。通过培训,我们认识了许多好朋友,大家畅所欲言,互相交流,共同研讨,这使我对自己的工作岗位又有了新的认识。就让我把今天这个岗位当作梦想的起点吧!

辩论没有最终的结论，智者、仁者各有领悟，在教导主任的岗位上如何自我发展，只有教导主任自己去平衡、去学习、去把握、去协调、去努力了。

（南京市教师培训中心　黄银美）

教导主任自我成长的故事

下面是八位有教导主任经历的老师叙述的他们在教导主任岗位上工作的故事。有的参加管理工作只有一年，有的已经成为校长，也有的成为特级教师。他们的故事在不同程度上对教导主任是有启发的，也是值得大家学习和借鉴的。

平平凡凡才是真

今年参加了市里的教导主任培训班，班主任黄老师让我们写写自己的教育或管理故事。坐在电脑前，手指竟僵直得写不出只言片语。的确，六年间，无论是真知感受、经验得失，抑或心路历程，又怎是提笔落墨般简单。于是，关上电脑，在书房里静静开始回忆和反思，竟然发现，平时总觉得忙得晕头转向的，可真正值得一说的竟一件也想不起来，偶尔想起一些事，当时似乎万千感慨，但现在又觉得不值一提，全是鸡毛蒜皮。想想自己都不禁哑然失笑。

那我的这篇故事该怎么写呢？既然没有轰轰烈烈，那就平平凡凡吧！真实地记录我的点滴回忆。

2008年4月，我认真地准备着评小学高级职称的材料，猛然间发现，从2004年到2008年，除了每年都有论文获奖以外，几乎没有其他的获奖证书。再看看2004年以前的各种获奖证书，厚厚的一叠。仔细想想，2004年正是我任职教导主任的那一年！正是凭着2004年前厚厚的各种各样的获奖证书、荣誉奖状，我才有资格成为一名教导主任，可在那之后，反而越发的不如从前了？

上任以来，但凡荣誉都谦让给普通老师，我觉得他们更辛苦；但凡教学比赛，我都努力地帮助年轻的老师获得佳绩，我觉得这是我的责任……所以，到现在，我手中拿着的只有自己论文的奖状。当职称评定证书拿到手的时候，许多老师都说，要是我因为荣誉证书少而评不了高级职称，他们会觉得很愧疚。那一刻，我觉得任何荣誉在这些真心的话语面前都算不了什么。

记得刚上任就开始迷失：教导主任究竟在做什么，是脱离教学建筑自己的空中楼阁，还是每天例行无用的检查，和班主任玩猫捉老鼠的游戏？一次给中年教师解释奖金中的5角钱被扣掉的原因，一下午的大好时光悄然而逝——日子过得很辛苦。一天结束时，看着老师们的收获和孩子们的欢欣，我把失落满满地塞进包囊，继续做手头未完成的工作。最夸张的一次，一周5天，我参加了8场会议。无论校内举行什么教研活动，身为主任的我总是第一个到；无论检查老师们的什么资料，总是把我的那份先放在桌上供老师们检查；我任教班级的课随时向任何老师开放。明明听到了老师们在背后对我的冷言冷语，但当面布置工作时我还得强颜欢笑，自己安慰自己，他们是对事不对人，可回到办公室，眼泪还是不争气地往下掉……这就是我的24岁。在这样一所省级实验小学工作，你的劳累会被麻痹掉，唯一的感受是紧张。我还记得当初常常会从梦中惊醒的场景：第二天的工作安排妥当了没有？哪个环节还不够完善……

刚上任的两个月内，我瘦了二十几斤，经常晚上发低烧。曾经有一段时间，我以为自己得了白血病，现在想想只有苦笑两声……

小时候听过这样一个故事。一条小蛇请教大蛇："蛇该怎么活？""童年时期可爱活泼，青年时期发现自我，壮年时期要奋斗，老年了安逸任游。"大蛇说。"你是说每个阶段都要改变自己，战胜自己？"小蛇又问。"没错，一条蛇一生只有一个自己，就太可怜了，学不会蜕皮，就只有死路一条。"

成长是什么？成长就是正向的改变。成长是一个过程，是在不知不觉中完成的。蛇的一生要蜕好几次皮。每一次蜕皮，都是痛苦的；每一次蜕皮，都是快乐的。就像一粒种子破壳要经历痛一样，人的成长也是一件痛并快乐的事。

我有过懈怠，有过消极，但我知道，这是我成长的痕迹。

"做老师只要做好自己的分内事，认真工作就行，做得好还能得到赞赏，但做领导就不一样。当领导难，当中层领导更难。"这是原来的教导主任调离时对我说的话。经过几年的体验，原来的不以为然早已荡然无存，取而代之的是深深的理解和认同。如果说十几年的工作经历使得教学工作对我来说还算得心应手的话，那么管理工作对我而言就是一个挑战和摸索的过程，一个在平平凡凡、鸡毛蒜皮的世界里挑战和摸索的过程，但我喜欢这个过程。如果，因为突然生病两天未到校，你的手机里就塞满了几十条或问候或关心的短信，相信你也会无悔地摸索和挑战下去的。

（南京市天正小学 张伶俐）

在学习中成长 于艰辛后收获快乐

一个优秀的教导主任，在学校不仅要能为老师们的教学研究提供优质服务，还要给予老师们方法上的指导，帮助他们解决研究中遇到的困难。"打铁先要自身硬"，教导主任理所当然地应成为课堂教学和教育科研的能手，这就要求教导主任必须养成终身学习的好习惯，不断提高个人的文化素养，孜孜不倦地追求教育教学业务水平的提高，做教师教学教研上的先行者与引路人。

虽然我走上教导主任这个岗位已经有3年了，但刨去支教的一年，再刨去生孩子的一年，真正干这项工作也就是一年时间吧。在这一年时间中，我焦虑着，怕承担不了这份重担，辜负领导的信任；学习着，我分管教科研工作，因为严谨的教科研工作需要我有扎实的理论知识和过硬的研究功底；快乐着，和学校老师们一起前进，共同进步。

在正式接手工作的这一年，也就是我生完孩子刚上班的时候，所面临的第一项比较重要的工作，就是组织有个人课题的老师做好结题工作，而这些老师是我校第一批参加市、区个人课题申报并立项的老师，因此在结题材料准备方面还没有经验，甚至毫无头绪。于是，有的老师就来向我咨询结题材料的准备事宜。说实话，因为生孩子，我错过了本期个人课题的申报，因此，对于个人课题研究，我完全是个门外汉，对课题的把握还没有老师们深刻。

为了更好地为老师们服务，帮助他们解决困难，同时提高自己的课题研究水平，我找到相关网站，从个人课题的选题策略开始学习，拜读登在网页上的优秀个人课题申报书范例，了解一个好的个人课题的基本内涵。我翻阅了大量关于个人课题研究方面的书籍，向别的学校有个人课题研究经验的教师请教。每次哄完孩子已经筋疲力尽的我，真想就这么舒服地躺在温暖的被窝里沉沉睡去，但是，想到我身上所肩负的责任，为了对学校负责，对老师们负责，也对自己的专业发展负责，我总是自我打气，怀着慷慨就义的决心，从温暖的床上挣扎起来去查阅资料。

功夫不负有心人，结合学校的课题研究经验，我总算对个人课题研究的程序有了比较完整、清晰的认识，对结题时该准备的资料有了明确的把握。为此，我对老师们做了系统的个人课题研究培训，使老师们对个人课题的研究有了更深入的理解，找到了个人课题结题的基本操作步骤。大家若有所悟，我舒了一口气，从心里为给老师们带来一些帮助而感到高兴。

在我规定的上交个人课题结题材料的时间将至的时候，大部分有课题的老师已经保质保量地完成了任务。这时，我发现有一位老师似乎还没有什么动静，于是在她空堂的时候找到了她，问："××老师，你的个人课题研究结题材料准备得怎么样了？"这位老师很无奈地说："我实在太忙，文字水平又不行，这个课题我实在是结不了了，我准备放弃。"

该老师负责教学校的体育，因为学校缺少体育老师，所以她一周的课时量达到了22节，确实比较忙。但是，由于种种原因，该老师快到35岁了还没有评上高级职称，如果此次课题能顺利结题，应该能为来年的职称评定加一些分。因此，我向她了解了课题研究的概况，发现她在平时的教学中还是有一定的思考与实践的，就是在结题报告上卡了壳。时间紧张，加上写作水平有限，这位老师对自己的课题望而却步。

我对这位老师说："其实，你的课题都被立项了，如果研究到现在放弃结题，那多可惜呀！再说，你即将评职称了，要是能有一个个人课题作你评职称的支撑材料，说不定能帮你顺利评上呢。如果你觉得写结题报告有困难，我可以和你一起商量商量。"

在我的劝说下，该老师同意试一试。于是，我拿着她的课题申报书和一些过程性材料回到了办公室，仔细看了其中的内容，写了一些自己的想法。第二天，我把自己熬夜整理的文字稿送给了这位体育老师。她看到材料后很吃惊，可能没想到我真会帮她，而且速度这么快，连声道谢。就这样，后来，在我们不断的商讨和研究中，这位老师顺利地完成了结题材料。

在规定的时间内，我将材料上交给区教科室。过了不久，结果出来了，我校老师们的个人课题全部顺利结题。当老师们拿到结题证书时，心中无不充满了喜悦，而我校的这位体育老师更是备感庆幸与欢喜，我也为自己能坚持帮助她顺利结题暗自高兴。

根据我对个人课题研究的学习与把握程度，在下一期的个人课题申报开始后，我又给老师们做了一次系统的培训。结果，有十几名老师的个人课题被市级立项，立项人数在全区小学中排名第二。

有付出，必将有所回报，其中的辛苦只有自己知道，但是收获的快乐，值得慢慢品味。作为教导主任，不应以管理者的姿态在那里指手画脚，空谈理论，而要随时随地与教师交流，在交流中做个"有心人"。要善于发现教师的问题并与教师一起观察反思、学习研究、探索实践，在与教师共同的实践和研究中感悟教学的真谛，品尝共同成长的快乐。只有这样做，我们的工作才能得到认可，我们的价值才能得到充分的体现。以后的路还很长，我将面临的困难还会更多，谨以此句名言自勉：路漫漫其修远兮，吾将上下而求索！

（南京市光华东街小学　张淑芳）

我的"教导"故事

雄伟的阅江楼、明城墙下,秀丽的绣球公园、狮子山旁,有一座美丽的校园。在这所学校里,有一个办公室充满着严肃而和谐的气氛,它就是——教导处。

教导处里,我们三个主任有明确的分工,每个人的工作范围都不一样,但是每一项工作又都有我们共同工作的痕迹。

我第一年走上岗位,第一年负责学籍工作,和表格打交道,和班主任、家长、学生打交道,和教育局的领导打交道。这一切对于"新官"上任的我来说,难度大了点。但还担任着班主任工作的我,无论是电子学籍的管理,还是繁杂的小升初工作都完成得相当好,校长对学籍管理的工作非常满意。其实这都是因为另外两位主任的鼎力相助。

就拿小升初的工作来说,在每一个工作节点,都有卢主任的提醒:应该准备哪些资料,需要和家长、班主任做哪些工作,所有工作都要做在前面;开家长会时,我站在讲台上,卢主任就站在门口听,等我讲完后,她笑着说,讲得不错。民办校电脑派位时,她提醒我,要让每一位家长签字确认。我当时认为没必要,浪费人力、纸张。后来,果然有一位家长在报名工作结束后,质问我,没有通知到位,家长不知情。而志愿表上分明是妈妈的签字:"不参加电脑摇号"。义务学位派位单核对时,我核实了两次,觉得没有问题了,准备上交名单,卢主任提出再帮我核一次,发现有两位学生出错,原来"盐仓桥"和"盐仓桥西街"这两个地址极为相近,所分的却是两所不同的中学。这个失误把我吓出了一身冷汗,幸好发现及时,否则就会引起不必要的矛盾。

科学家发现,大雁有一种合作的本能,它们飞行时都呈V型,飞行时定期变换领导者,因为为首的大雁在前面开路,能帮助它两边的雁形成局部的真空。科学家还发现,大雁以这种形式飞行,要比单独飞行多出12%的距离。合作可以产生一加一大于二的倍增效果,合作能使我们把难的事情变容易,容易的事情变得简单,我们做事的效率就会倍增。通力合作是我们教导处的工作方式，也是我这个教导处新人工作得以顺利进行的重要途径。

学校里总会出现不和谐的音符。高年级一位老师业务能力强，工作敬业，吃苦耐劳。可她就是容不得后进生，特别不肯接纳转学生。如果班上的后进生不能蜕变成优等生，她就不停地找孩子、找家长、找领导，甚至劝孩子转学。对此，家长怨，校长烦，教导处也很头疼。为了不打击老师的积极性，校长总是动之以情，晓之以理，但效果甚微。曾经就有一个转学生在报到那天，和家长站在教室门口一个小时，老师愣是不让进班。

学校组织三年级质量监控，校长要我安排她批改三年级的作文。我知道肯定会碰钉子。果然，试卷分工完后，其他语数外老师开始批阅，只有她一人静坐表示抗议。寂静的会议室，除了沙沙的批卷子的声音，就是她偶尔自言自语的埋怨，每一句对于我来说都特别刺耳。尽管后来校长做通了她的工作，我还是唯恐避之而不及。但是，两位主任仍鼓励我积极面对。最后，我将三年级的试卷亲自送到她的手里。她利用下班时间，赶夜车将作文认真批阅后交给了我。

"经过炼狱，才能走向天堂。"这是罗曼·罗兰的一句名言。只要把自己定位为一位服务者，多为老师着想，多为他们创造更好的工作条件，摆正自己的心态，与老师之间形成"互相依赖的工作关系"，既不居高临下，也不妄自菲薄，方法总比困难多。后来我才发现，这位老师也不是那么难沟通，以前到她办公室布置任务，总要请个主任陪我壮壮声势，现在只要我准备好说话的方式、内容，用心处理好细节，完全可以独立工作。

我们教导处的故事还有很多很多。学期末的考核、民主评优，第一、第二名都是我们教导处的老师，另外一位老师也排在了前六名。这些数字表明了一个学期以来，老师们对我们工作的认可。我认识到，教育教学管理是一项高智能的活动，教导主任要心中有爱，肩上有担，腹中有墨，才能做一个合格的管理者。

(南京市天妃宫小学　刘莹)

我这八年

1989年，我走上工作岗位，担任一个班级的班主任，负责语文教学工作；1996年担任教导处副主任，1998年担任教导主任，2006年经民主推荐参加教育局全区"未来校长发展学校"的学习，2009年担任校长助理，2010年担任学校副校长，2013年调入一所新办学校担任校长。

如果说让我谈谈自己职业生涯的成长经验，我想，可以简单归结为三句话：教而优则管（专业），与人交往"做人"是根本（人品），职业生涯需要规划（计划）。

一、教而优则管

教师这个群体普遍存在信服专业能力、轻视行政权威的现象，因此，在学校这个工作环境中，如果管理者在教育教学专业上水平一般，工作是不好开展的。特别是作为教导主任，我们至少应是某一学科的行家里手，且教学质量较高，在教学方面有一些拿手的"绝活"，值得其他老师借鉴效仿，否则，你这个主任就不太好当，甚至可以说，你没有资格当教导主任！

就我个人的成长经历看，正是由于自己在教学业务上的快速提升，赢得了学校领导的关注、教师群体的支持。我们刚参加工作时，对年轻教师的要求是一年适应，三年合格，五年成骨干。在我工作的第四年，经过校级、片级、区级层层比赛，我获得了全区赛课一等奖。自此，我成为学校行政管理重点培养发展的对象，很快被任命为学校教导处的干事，随后相继担任教导处副主任、教导主任。与此同时，在学科教学上，我先后成为区教学骨干、区学科带头人。

二、与人交往"做人"是根本

担任学校的部门管理者，少不了的是与人打交道。教而优则管，只是让我们有了一个管理者的职位，但是管理能力与教学能力并不能成正比。不断提高自身的管理能力，需要我们不断地进行自我修炼。回顾以往，我可以说，所谓管理，其实就是与人交往，与人交往固然需要许多原则、技巧、艺术，但是，"做人"才是根本。

这是我2005年年终工作述职的片段：

"下半年，教导处从工作意义上来说，逐步实现了向教务处职能的转变。我与魏昌敏、张昌明两位干事搭档。我的前后三位搭档都是实干寡言、敏捷勤奋的人，我不太适应指派人做事，只喜欢一个人承受。当我焦头烂额的时候，几位搭档都会主动来帮我，内心的感激没有当面表达过，借此机会，我向他们说声'谢谢'！我的一位老师曾经告诉我，能在一个优秀的群体中工作是一种幸运，现在我正拥有这份幸运。"

这是我2000年年终工作述职的片段：

"感谢领导，那一句句的鼓励、肯定，还有那不经意的短信，让我对工作多了许多不能辜负的责任；

"感谢前辈长者，你们的提醒与劝诫让我感到融融的暖意；

"感谢同龄伙伴，你们的支持与协作让我感到集体的力量；

"感谢年轻同行，你们的热情与活力让我感到集体的可爱；

"感谢父母妻子，你们的关心让我认识到工作与努力的意义所在；

"感谢我那几十名可爱的学生，你们的欢呼雀跃让我留恋课堂，作文中的一句'语文老师还喜欢我呢'让我感到我对你们的重要。"

真的需要感谢，感谢工作中的伙伴给予我们的支持和帮助。你发自内心的感谢一定会从你身上传播出去，让别人感受得到。这会形成一个与人为善的良性的循环，有助于人际交往，从而推动工作的顺利开展。

与人为善并不是做老好人，和稀泥。我愿替下属说话：作为教导主任时，可以为一线老师的荣誉在行政会上与分管校长舌战（事后，我没有和那位老师提及此事，当时我也可以保持沉默，让这个荣誉属于一位中层领导，但是我和许多人都知道，那位一线老师更有资格获得那份荣誉）。我不和老师争利益：作为教学副校长，牵头制定职称晋升细则时，不会考虑这些规定是否对自己的晋升有利。不少和我同年工作的老师、好几位比我年轻的老师都在我之前得到了晋升，一些没有晋升的老师都说："副校长自己还没有晋升呢！我们也等下一班车！"

2006年参加区未来校长发展学校的学习，2009年担任校长助理，2010年担任副校长，2013年外调担任校长，这些都需要上级的民意测评，事后得知，我的满意率都是100%。

一直以来，我都觉得自己所处的环境是和谐、温馨占主流，这是我2014年校长述职报告的开篇节录：

"岁末年初，接到一位教育同人的短信：……我想，作为一名好教师，幸福比优秀更重要；作为一名教育人，能够有一所学校，和一群志同道合、进取向善的人一起，为孩子们做着很多有效、有趣的事情，那是更幸福的。两次去你们学校都让我深深感受到这份气场，那份情怀。我想，您从未觉得忙碌，因为一切都是那么自然，您，你们，你们的孩子都是幸福的……

"我收藏了这个短信，觉得这些话给予我的是满满的正能量。是的，回顾2014年，我的感觉就是幸福。当有人到校比你还早，当你关灯离校却发现别的办公室还亮着灯，当有人把工作中你想到或者没有想到的细节都一一落实的时候，你会真真切切地感受到，你不是一个人在战斗！有一群志同道合的同事和你一起在努力，你一定能收获工作的幸福。"

三、职业生涯需要规划

2014年11月，我在整理电脑文件时发现了一份资料：自己的一份个人职业生涯规划，写于2008年，那年我38岁。那是未来校长发展学校要求每个学员必须完成的作业，规划年段是2008年至2020年。

以下是六年前规划中的一段文字：

"总体目标：成为一所特色鲜明的学校的校长。

"阶段目标：38—40岁，能够成为本校或者兄弟学校的副校长，熟悉学校的全面管理工作，在分管领域创出特色，提升区内知名度。43岁之前，成功应聘校长职位,一边从事管理工作,一边不断学习和实践,逐步成为一名区级和市级名优校长。50岁左右,成为有相当知名度的教育名家。"

这是六年来,现实中的成长经历:

2009年,我39岁,考核通过,被任命为学校校长助理。

2010年,我40岁,考核通过,被任命为学校副校长。

2013年,我43岁,考核通过,被任命为一所新校的校长。

规划和现实几乎完全契合,我突然间想起曾经看到的一句话:人生可以设计,生涯可以规划,幸福可以准备。

还是那份规划中的一段文字:

"从传统意义上说,刚刚进入职业岗位的新人要制订自己的职业生涯规划,而我呢,早已不是新人。1989年参加工作,1993年获得区级赛课一等奖,1996年从市级小语骨干班结业。也许是'教而优则管',1998年成为教导主任,一路走来,如今参加未来校长发展学校的学习,要制订今后的职业生涯规划,我就称它为'职业生涯的二次变奏'吧。"

这段文字背后隐藏着的当时的心绪是:未来校长发展学校的学习是否和曾经参加的许多学习一样,开头轰轰烈烈,后面无声无息?自己已经"奔四"了,还能怎么样呢?学校的几位校长比自己大不了几岁,等他们退休了,我也一脚迈入退休的门槛了。

虽然制订了一个成长路线,但是当时确实是有些不当真的意味的。

在那份生涯规划中,我也列出了自己的优势,比如,正直、勤奋,有事业心、使命感,拥有良好的群众基础;全区教育处于新一轮的大发展期,学校处于上升质变期……

即使有着这样或那样不当真的想法,对于参加学习,我也没有半点马虎。除了常规的听讲座、阅读相关书籍,未来校长发展学校显示出了与之前不同的研修模式和力度。

2006—2007年间,我们先后参与了上海美林格、江苏教育学院、南京师范大学教育科学学院等三家单位为我们量身定做的培训课程学习。每月一次的集中学习，寒暑假期间的集中培训，雷打不动。

2008年4月，全体发展学校成员前往北京海淀外国语学校接受"体验式德育"培训。

2009年4—5月间，经教育局安排，我和其他9名未来校长发展学校的同学前往北京几所学校以副校长角色挂职锻炼48天。

2010年7—8月间，经教育局安排，我和其他5名未来校长发展学校的同学到新西兰基督城学习"友善用脑"21天。

2012—2014年，经教育局安排，我参加了为期两年的"第九届全国校长发展学校"的学习。

勤奋的人很多，成功的人一定还需要平台。未来校长发展学校开办8年以来，已经培养了许多和我一样的曾经的学校中层或普通老师走上了校长助理、副校长、校长的岗位，被誉为江宁教育界的"黄埔军校"。它为每一个有教育梦想的人搭建了一个坚实的平台。

2014年以后，我会怎样？在2008年的规划中，对此也有大致的勾画，现在的我其实还有更加清晰的计划。因为我知道，在江宁教育大发展的背景下，我们拥有了更大的发展平台，成为校长绝不是终点，恰恰是勾画新蓝图、实现新理想的起点。只要我们自身不断努力，心中的教育梦想就一定能够实现。

（南京市将军山小学　于斌）

我的成长之路

从教20多年，虽然仍是一名教师，角色却在不停地变换着：从普通教师到教导主任，转而到副校长，如今掌管一所学校。这一路过来都是历练的过程，成长的过程。

教导主任是学校的中层干部，是兵头将尾，在学校管理中起着承上启下的作用。当好教导主任，最重要的两个字是"勤"与"思"。所谓"勤"，就是凡事做在前面，大家关注主任是不是事事带头、处处领先，对于分管的工作抑或校长交办的事情，是否能够认真执行，是否能够执行到位。所谓"思"，就是凡事要多思考，主任的工作千头万绪，对此要有充分的计划性、统筹协调性，当然还要有创新性。不但要能够埋头干活，也要学会抬头看风景，按部就班固然不错，但若固步自封、一成不变就要不得了。

2001年起，我开始担任教导处副主任，主要分管学校的德育和体卫艺等工作。说实话，那时候年轻啊！精力充沛，干劲十足。然而，刚开始哪里懂什么管理，也没有太多的计划，反正领导交办的任务认真完成就行了。有这样一句话："我是干部向我看，我的岗位是模范。"当时的我，心里只有一个想法：不能辜负领导的赏识。那时几乎所有的事我都会带头干，白加黑、校内校外带头干是常事。当然，因为年轻，工作急躁、考虑问题不全面、沟通不到位等一系列问题也不断出现，好在老师们都能宽容和理解，所以虽然苦一点，但确实也收获了、成长了。

后来当了教导主任，直接管理整个教学部门。虽然上岗了，但是我没有经过培训，也没有老主任的示范引路，所以一切仍然是自己摸索，于是我就更加勤快了，因为事情多啊，不勤快不行。那时候总觉得怎一个"忙"字了得！你想呀，自己的教学你不能放松吧？科研你得做吧？日常的教学管理，诸如课务安排、教学"五认真"的检查以及各种表格的制订、布置、收发、反馈不能少吧？……凡此种种，似乎每天都有忙不完的事，很多时候走路都是带跑的。

实践出真知，经历了一段忙碌的日子，我开始考虑怎样才能让工作轻松一点，同时又更有效果。现在想来，也许"管理"从此时才算是开始。从哪里开始？首先是角色定位，搞清楚自己在学校里到底是个什么角色。事实上，一直到后来，当我和新主任们做思想交流时，我才真正认真思考教导主任的角色，应该是：合格的执行者——是学校领导班子尤其是校长行政指令的合格执行者，当然不是盲目地执行；忠实的合作者——学校其他中层的伙伴，工作上分工不分家，永远是忠实的合作者；热心的服务者——真心、热心地为广大教师服务，在情感上、心理上始终是平等的；出色的领跑者——应当把握当前教育改革的形势，把脉学校在学科教学方面存在的问题，引领广大教师钻研业务，用自己的睿智引领教师走专业成长之路。当时自然还没有这个境界和认识的高度，不过，我大致就是这么定位的。

接下来是明确作为一名教导主任，到底应该干些什么。这个容易，制度上写着呢，尽量对照做就行了。不过，如果仅仅这样就想做好教导主任，恐怕也太儿戏了，要知道，管理是讲究艺术的。我开始主动向年长的主任们请教，向校长们请教。我开始明白，作为管理者，要有承担责任的勇气，因为只有勇于承担责任，才能认识错误，解决问题，进而提高自己的管理能力；要重视管理的细节，因为管理的有效性往往在细节上体现得最明显；要让工作简单一些，因为明确工作的目标与要求，可避免重复作业，减少犯错的机会，将工作排定优先级，可大幅减轻工作负担。当然，学会和不同的人艺术地沟通也是学问，比如，你要学会和领导沟通交流，学会和其他中层领导沟通交流，学会和广大一线教师沟通交流。

如今想来，当教导主任的几年，是我的职业生涯也是管理生涯中最重要的几年，为我后来的成长奠定了重要的基础。归纳起来，有这么几点：提升了自身的综合素养，拓宽了视野，丰富了管理知识，积累了管理经验，更为重要的是，养成了许多良好的职业习惯。

2007年，我成为一名副校长，尽管和教导主任的工作有所区别，但有了几年做教导主任的经历，许多工作在同事们的配合下，也能较好地完成。

2014年起，局领导决定派我这个年轻同志到另外一所小学主持工作，也就是当"一把手"。在这个新的角色位置上谈管理，那是和教导主任不一样的心态和格局。首先，角色不同。校长是把握全局的，是需要出思路的；主任是要正确领会、认真执行的。其次，职责不同。校长更多的是宏观地管理，是面向全体的，但又不在细节上具体执行；主任是中观地管理，有些时候需要点对点指导。再次，面对的矛盾不同。作为校长，要面对上级、校内外、中层、教师等各种不同的关系，处理来自方方面面的矛盾；主任面对的则是来自教师这一群体的相关问题和矛盾。

所以，当我们再来看教导主任的管理工作，真心地感受到：做教导主任不是当官，所以不要总把自己抬得过高；教导主任更多的是责任，是付出，不要奢望比普通教师轻松，如果始终还没有想好要做什么，又缺乏能力，不如趁早退出；教导主任要努力跳出小圈子，开拓大视野，做正确的事，正确地做事。我想以这几句话与众多正在行走着的教导主任们共勉。

（南京市方兴小学　朱培波）

教导主任职务带给我的两道命题

2003年，我担任教导主任（在南京的小学，教导主任一般被称为教务主任）；2008年，我担任教学副校长，晋级南京市优秀青年教师。回首当年接受任命的时刻，甚觉不安，两道命题盘旋脑海：我资历浅，业绩平，以何立足？管理零起点，诸事要落实，以何立岗？有此不安之虑即有思危之心，自忖学不分先后，于是乎自评优劣，取长补短。

一、我资历浅，业绩平，以何立足？

这是我给自己的第一道命题。

这道命题的解题思路有两条：一曰质量提升，二曰教学得法。

作为教语文的一名教导主任，如果自己所带班级质量不佳，就难以服众。所以，攻克质量关是我的第一要务。作为一名年轻的教导主任，我在教学上还没有多少突破，至少在担任这一职务时，我还没有在任何区级赛课中得过一次奖。我想，参加比赛获奖是可遇不可求的事，存在偶然性，我先不将其作为突破口。那么，什么突破口不具偶然性而具必然性呢？我的第一突破口就是教学质量，我给自己定的第一个目标就是，在两年内形成一套属于自己的质量提升方法。

为此，我开始总结自己以前抓质量的方法。经过梳理，我才发现，自己的质量管理并不成系统，除了"拼命转后""花时间"这些所谓的能体现责任心的简单路径之外,没有高效的"减负"办法。于是,我开始寻找办法,洋思中学、杜郎口中学、衡水中学等一批高质量的名校成为我的研究案例。

我给自己提出了一系列问题并逐一寻求答案:如何攻克学生的字词关、背诵关、阅读关、作文关等一位语文教师应当经验化的问题一一摆出,一一解决。比如,对于抓学生的字词,怎样才能不通过听写等耗时不出活儿的传统方法让学生掌握?怎样才能不需要家长耗费时间就能给予我帮助和支持?

经过摸索,我得到了一种好方法:将每课应当掌握的词语全部做成看拼音写词的电子稿,打印后择时给学生定时完成。批改后点对点地将检测内容和孩子的完成情况通过QQ群发给家长,这样家长就知道该如何辅导自己的孩子了。第二天,四人小组的小组长也会给组内需要帮扶的孩子一份第一次检测的试卷,孩子用便笺纸写对昨天写错的词就可以。通过这样的个别化关注,解决了孩子的基础知识掌握问题,只要设计好检测内容,教师、家长、小老师就可以不费力地干好辅导工作,相比于反复地听写词语等传统方式,这种方法省时高效、精准度高,减少了辅导者和被辅导者不必要的时间和精力耗费。

这样的窍门,我找到了不少。试想,如果没有立足于管理的角度,我是不会想办法做改变的。压力就是动力,最终会转化为能力。这种能力被老师认可了,我也就能立足了。

教学上,我向名师学习,积极申报区级学习班,我的教学生涯中第一波前所未有的积极性被教导主任这一任命充分激活。那时,网络尚未普及,所以看名师教学光盘成了我日常学习的主要途径,看他们执教的现场,对照能找到的教案,尝试着拷贝他们的课堂教学案例。起初,看不出门道,照葫芦画瓢,很多课落实不下去。名师40分钟内完成的教学任务,我用80分钟也未必能够完成。我在40分钟和80分钟之间比较、思索。渐渐地,我找到了一些蛛丝马迹,开始明白教学实录背后体现的教学理念,在学习和实践中,不断思考目标、过程、结果之间的关系,对如何教学、评课有了属于自己的、贴合实际的小经验。我开始在学校的一群青年教师中脱颖而出。之后,两次参加区级赛课，侥幸拿了第一名，所带班级成绩也始终名列前茅。教学上，我已立足初稳，始涉足管理的变革。

二、管理零起点，诸事要落实，以何立岗？

这是我给自己的第二道命题。

这道命题的解题思路也有两条：一曰学习思考，二曰付诸实践。

管理上，我是零起点，所以，一开始我遵循的理念是"萧规曹随"，沿着前任踩出的脚印走，没有新意但不至于误入歧途。2003年到2005年，我对学校的教学管理没有提出过任何新的建议，校长让怎么做就怎么做，老主任有什么要求我就落实什么要求，按部就班，就像一个跟班。为什么这么做？原因很简单：当你不会做事的时候，像别人那样做，按别人的要求做，也许会在最大程度上降低错误的概率。

但是，一个管理者要清醒地意识到，这只是过渡阶段的行事风格，不能总这样做，所以这个过程中的按部就班是为了给自己学习新知创造空间和时间，避免不必要的麻烦和时间耗费。教育管理上实用的书并不多，也很难找到，所以我将目光聚焦在企业管理上。其实，企业管理比教育管理形成得早，制度化早，执行力更强。因为那是一帮今天不好好干，明天也许就没有饭吃的人琢磨出来的有效的措施；而教育行业今天不好好干，明天照吃饭。正是因为教师职业的稳定性和单位人事权的不独立性造成了学校比企业难管，教师比企业员工难管。管理企业，制度更重要；管理学校，人心更重要。但两者有相通处，都是为了一个群体的不断的专业化发展。企业员工专业化发展得好，创造的物质利益就更多；学校教师专业化发展得好，创造的社会潜在价值就更多。一为显性，一为隐性，但两者都在为社会创造利益。

带着这样的想法，我开始跨界学习，开始面对各种文字、视频资料做"旁听生"。听了很多企业家管理的课后，我将注意力锁定在一个人身上——余世维。他所讲的企业管理、职业经理人锻造、执行力等诸多内容和学校管理的契合度非常高，而且特别适合像我这样的青年学校中层领导学习。于是，我一集不落地看完了他的讲课视频后,再看文字稿,遇到问题了,再把相关讲课内容拿来对照,看是否可以从中得到启迪。渐渐地,我从他的讲座中学到了很多实用的方法。建议年轻的教导主任们也上网看看他讲的课,也许你能找到很多解决当前问题的办法。

正因为进行了这样跨界的学习,在当主任的阶段,我收集了不少数据,通过对这些数据的分析寻找我校教师发展、课堂教学、学生发展、学校管理等方面存在的短板,通过读书和网络学习寻找解决的策略。彼时,我曾想过不少解决具体问题的办法,但没有立即付诸实践,因为我知道,自己的任何策略,在现实面前必会遇到种种阻碍,所以不可冒进。我会设想,如果我提出一个新的管理举措,会遭到哪些老师反对,会给自己带来怎样的不利处境。多次假设让我明白了一点:解决人的问题,比解决事的问题要难。解决人的问题,需要你背后有一个支持你的群体。

根据学校实际,我制订了一些新的管理举措。这些举措起初让老师们很不适应,因为不少做法源于企业管理,但这些管理方法在我校都起到了明显的效果,逐渐地改变了我们教师的工作状态和专业发展原貌。

比如,对于我校薄弱学科组的打造:如何和老师们打交道?如何和一个敢于"摆烂"的学科组沟通,有底气听他们的课,给他们提出合理化建议,并进行反馈和跟踪指导?我从企业管理问卷这一做法中得到启示,在学校进行了第一次无记名问卷,问卷的目标指向学校最薄弱的学科组。其中有两道题是这么设计的:①请在下列工作态度认真的学科组后打钩,不认真的不打钩。②学校准备对最薄弱的学科组进行隔周听课、检查等校内视导工作,你是否支持?

其实,我心里很清楚,最薄弱的学科组是体育组和英语组,但是这两个组的老师并不这么认为,还觉得自己做得还行,自我感觉没有那么不好。我想看看全体老师的评价数据是怎样的,是有利于管理措施的推进,还是老师们都做老好人,缺少客观评价。问卷没有收上来之前,我是忐忑的,因为,如果老师们没有认真面对这份问卷,认为只是我这个新"领导"为体现自己有所作为而玩的一个噱头，我面临的将是无限的尴尬。天道酬勤，结果没有让我失望。学校72%的老师认为体育组最薄弱，55%的老师认为英语组最薄弱，而对于语文、数学、科学等其他学科组的评价都比较高。

带着问卷的统计数据和问卷，我开始和体育组四位老师坐下来交流。将数据统计如实告知后，他们表现出前所未有的气愤，认为老师们的评价并不客观。我静静地听着，不发表意见。在他们的牢骚发完之后，我提醒他们：以后还会有这样的教师问卷和学生家长评教问卷，每学期至少一次，评价结果将和以后的职称评定、年度考核等挂钩，如果评教满意度低于指定标准，一票否决。以前，我们的各项考核在满意度调查一项采用的是人情化评价，从现在开始，我们进行数据评价，评价将在平时，而不是临时。如果各位老师的评教数据不理想，将会影响到你个人以后的专业发展和工资待遇，而且我们会如实填写数据，在数据面前谁也不敢作假。

听了我的话，他们似乎感觉到这次是来真的了，发牢骚没有用了，大锅饭吃不了了。更重要的是，我提醒他们：72%这一数据说明，全校老师对你们的工作不认可，不是哪个领导不认可，而且这还不包括你们四人，如果教师不评价本组，这个百分数会更高。大家都是同事，为何在老师们眼中有些组的认可率是100%，而你们的认可率那么低呢？期中考试后，我们会让家长和学生一起对各学科教师的工作态度进行评价，想一想怎么提高你们的满意度。

在一片静默中，我提出了对体育组的三点基本要求，并提出每两周对体育组进行一次校内视导，教导处两位主任每周轮流听两位年轻教师的课，对于两位老教师，我们采用短信反馈、平时课堂巡视结果的方式点到即止。

万事开头难，一旦你敢于开这个头，背后有一个强大的集体在支撑你，后面的工作就会顺利一些。现在，我还在这所学校工作，体育组的面貌发生了巨大变化。有位老教师即将退休，但是他这些年带出了我校一支高水平的乒乓球队，在省、市比赛中数次夺冠，两位年轻教师也分别在区级赛课中获得一等奖，其中一位老师还成了区优秀青年教师。有时，他们会提到当年我是怎么"整"他们的，但现在留在他们心里的，是满满的感激。所以，有些事情，不要因为眼前的困难、怕得罪人而止步不前，多想想：如果我做的事能为今天所针对的人带来更多好处，他们还会记恨我吗？

所以，我建议年轻的教导主任们学会观察和积累，学会收集学校薄弱环节的相关数据，学会用集体评价来代替领导评价，学会向集体寻求支持而不是我行我素，尤其是有新的工作思路时，多征求老师们的群体意见，分步实施，这样工作会更容易落实一些。

面对这两道命题，我做出了自己的解答，也许得分不是很高，但我认为答得尚可。因为解决了这两道命题，我的工作效率得到很大提高，为我的家庭生活带来了更多的时间和空间。所以，教导主任的经历，对我来说是非常宝贵的，现在写出来，与更多年轻的主任们分享。

（南京市青云巷小学　金魁）

有一种管理叫服务

毕业后，我有幸来到五老村小学。这一来，便再不想离开。

回想这成长的一路，要感谢的人太多。每每想到领导和同事们对我的关心、给予我的帮助，总觉得自己是这个世界上最幸福的人。我深知，自己的每一点进步，都凝聚着无数人的关爱。

从教研组组长，到教科室副主任，到教导主任，到教学校长，一步步走来，我非常清楚自己的成长离不开什么，我的同事们在工作中需要什么。特别是做教导主任的这些年，我发现自己越来越懂老师们了：他们不喜欢我们总是检查，希望我们去欣赏；不喜欢我们总是在听完课后指手画脚，而是告诉他们什么策略更有效；不喜欢总是被批评，希望在无助时得到帮助；不喜欢一个人孤苦伶仃，希望拥有强大的后援团；等等。记不得是哪一刻了，我告诉自己：如果有一天，能为老师服务时，必用力、用心、用情、用命。如今，作为一名副校长，我一直秉持着用心服务的原则。因为我知道，最好的管理，就是做好服务。为了更好地践行这一理念，我尝试着在管理中做改变。

一、变"上下级"为"协作者"

管理的核心是人，归根到底要充分发挥人的主观能动性。实现教师发展与学校发展的和谐统一，需要通过革新管理理念作保障。五老村小学的校长室、教导处、各教研组打破了原有的上下级意向指挥关系，形成了一个庞大的合作团队。

每位校级领导都有自己分管的学科、分管的年级，每位中层领导也可以选择自己擅长的领域，参与到多门学科的管理中去。这样一来，学校的每门学科都有人关心，有人关注，整个学校形成了互相协作、各司其职、分工明确的新局面。

二、变"管理者"为"学习者"

"处处留心皆学问，三人同行有我师。"要创建学习型学校，为教师成长创造良好的环境。

教学质量是学校的生命，常抓不懈、定期检查，是确保教学质量的关键手段。但在五老村小学，没有"检查"，只有交流、学习。每位行政人员都不是管理者，而是充当学习者的角色。在五老村小学，没有硬性的教案、作业检查，所有的交流、学习，必提前告之，并希望老师在提交自己的教案与作业时，将最优秀的地方，粘上显著的标贴，以便更好地去欣赏老师们的教育、教学成果。

三、变"领导者"为"服务者"

最好的管理，就是服务。

学校以教师的全面发展为本，在学科培训上，建立了"魏洁特级教师工作室""陈义鑫特级教师工作室""芮琼工作室""朱宇辉工作室""姜淑兰工作室"等，这些"选修课"的开设，给不同发展阶段的老师，提供了量身定制的学习机会。关注主学科的同时，我们同样也不忘给综合学科教研组搭建施展才能的舞台。学校专门聘请了市、区教研员，定时、定点来学校参与教研，以此保障各科、各层面老师都能有展现才华的机会。正因为"服务"工作到位，五老村小学的课堂才成为校园里最美的风景。

五老村小学的学科"小能手擂台赛"，依据课程标准，语、数、英学科从不同角度、不同方面，为学生开设擂台，供学生比拼。在学生比拼的同时，老师们借助大数据，也可以清楚自己的优、劣势。作为管理者，无须多言，当各执教老师收到那份独属于自己的成绩单时，自然心知肚明，自然能明白将来的努力方向。

提升学校的档次，老师才是重中之重。作为管理者，我们专门为老师设计提升素养的各类教研形式，从我做起，以身作则。坚持身先士卒，把自己的课堂呈现给老师，供老师点评。

四、变"一个人"为"一个团"

治校之要，贵在人和。家和万事兴！

五老村小学坚持教师个体学习与团队学习相结合。教师的劳动带有个体分散性的特点，作为教师主体，必须要有强化自身学习的意识，把学习当成工作的新形式，始终对教学保持高度的觉醒状态。同时，教师学习又需要重视团队合作，营造民主、和谐、平等的教研氛围，让教师们在这样的氛围中展开对话，必然会有事半功倍的效果。

五老村小学的每个成员之间，都有比同事更近一层的关系，那就是师徒。无论资历深浅，人人有师傅，个个是徒弟。五老村小学的协作精神在"传帮带"的过程中发挥到极致。每当老师接到赛课、展示任务的时候，整个教研团队都进入备战状态，各级分管领导共同参与。这样既提升了质量，又联系了感情。

以上是我成为教学校长后，一直在努力实践的。

"管"，原意为细长而中空之物，其四周被堵塞，中央可通达。使之闭塞为堵,使之通行为疏。管,就表示有堵有疏,疏堵结合。所以,管既包含疏通、引导、促进、肯定、打开之意,又包含限制、规避、约束、否定、闭合之意。"理",本义为顺玉之纹而剖析;代表事物的道理、发展的规律,包含合理、顺理的意思。管理犹如治水,疏堵结合、顺应规律而已。

作为管理者,一定要用好"服务",合理地疏、堵,方能成功。

(南京市五老村小学　井枫屏)

这里风景独好

我是一名排球专业运动员,1991年被分配到南京市游府西街小学负责体育教育教学工作。感谢游府西街小学,这里浓厚的学习氛围、和谐的人际关系、奋进的团队意识,让我这名奔放、豁达、率真的运动员悄悄浸润在教育文化场中,不断完善自身的综合素养,成为一名教导主任,成为一名特级教师,成为一名校长,追寻自己的教育理想。下面结合我担任教导主任的实践经历,谈谈自己成长的故事。

一、参与管理,提升领导力

教育部部长陈宝生谈到教师队伍时认为,教师是"基础的基础、制高点的制高点、根本的根本"。教师队伍建设是一所学校品质建设的核心,教导处是教师成长的资源库和加油站。

选择教导主任这个岗位,就等于选择了寂寞,只有耐住寂寞,才能体验桃李的芳香。当有的人在一掷千金地挥霍、灯红酒绿中奢侈,或者追求珠光宝气的华贵、周游列国的潇洒时,作为教导主任的我,却在"校本课程""教师发展""沟通交往"中苦思冥想:以怎样的方式促进师生学力增长?以怎样的课程培养孩子们的核心素养?教导处日常繁杂的事务管理与自身专业发展,如何取得互助共赢的最佳效果?……

当一位教导主任天天忙得不可开交,甚至没有时间思考时,我们就应该反思这样的管理是否就是我们追寻的高效、精细化。只有通过这样的反思,我们才能不断提升自身的领导力。

1. 梳理统筹,优化工作效率

一般来说,教导主任任务多,事情杂,时常在日常事务上花费大量的时间。如果将自己深埋在一本本作业本检查中,你会发现,专业发展、学科引领、课程改革、制度创新等都将停留于计划总结的文字中,没有时间思考与落实。在教导主任培训中,班主任黄老师向我们介绍了效率大师艾维·李的时间管理法(六点优先工作制)。

美国伯利恒钢铁公司总裁曾因为公司濒临破产而向效率大师艾维·李咨询求助。艾维·李请他仔细考量,并要求他按事情的重要顺序,分别从"1"到"6"标出六件最重要的事情。同时告诉他,请他从明天开始,且每天都这样做:"每天一开始,请你全力以赴做好标号为'1'的事情,直到它被完成或被完全准备好,然后全力以赴地做标号为'2'的事。依此类推……"

艾维·李认为,一般情况下,如果人们每天都能全力以赴地完成六件最重要的事,那么他一定是一位高效率人士。六点优先工作制中所包含的时间管理法则有目标管理、优先原则、一次做好一件事情、时间限制、今日事今日毕、复杂的事情简单化、简单的事情模式化等。

作为教导主任,要想做好管理工作,又要关注专业发展,应该尝试按照艾维·李的时间管理法(六点优先工作制)去做,每天梳理好当天的任务清单,按照轻重缓急排列好,统筹时间表,优化工作效率。

2. 扁平化管理,启动民主参与

目前,在校长负责制的引领下,大多数学校执行"金字塔"式的管理模式。在这种模式管理下,顶层的权威控制能够减少各部门之间因任务冲突带来的内耗,但是,逐级下达决议的周期较长,也会造成领导层的决议通过几层传达后决策偏离走样,影响工作效率。

通过培训,我们增加并推行了扁平化管理模式,启用主任负责制、年级组长负责制,缩短决策传送周期,以项目为统领,加大部门之间的沟通与合作，在项目建设中，增强各部门人员的战略观和决策能力。

例如，六年级毕业典礼活动，由校长室牵头在行政会上初定时间、地点、主题，教导主任和年级组长同时参加会议，了解前沿信息和宗旨。会后，由年级组长回到六年级组，召开专题会议，听取大家的建议，形成毕业典礼活动初稿方案，教导主任查阅修改，转交校长室，校长室通过后，下发党支部、总务处，自领工作任务。各部门各尽其职，围绕这个活动，协作完成任务，提高工作效率，化解教导主任的工作量。

教导处也可以采用这样的管理方式。我们学校教导处有三名主任，采用分工不分家的处事原则，三人分别负责学籍管理、教育科研、校本研修。将日常课务调整、安排，放权给年级组长，让年级组长对临时请病假、事假的老师做出安排，对于长期病假、产假等特殊情况仍然由教导处统筹安排。将学校读书节、艺术节、体育节、科技节等节日课程放权给学科组，由学科组长带领大家策划、安排，需要哪些部门配合，教导主任牵头召开"碰头会"集体商议。

这种扁平化管理模式，鼓励了教师群体参与管理的积极性，让大家在实施权力的同时，体验领导们日常工作的辛苦，也能换位思考、体谅对方。同时，在各种主题活动组织策划过程中，行政领导也可以发现一批有领导能力的后备干部，为将来学校干部的提拔做好准备。

3. 学会交往，凝聚团队合力

教导主任是学校管理中层团队，要学会和校长室与办公室的沟通交往，让良好的人际关系助力行政管理的效力。

我在教导主任培训期间，阅读了《责任》一书。这本书让我更加清晰地了解了如何与校长沟通的艺术，书中"没有借口，趋于完美"可以作为中层干部做人做事的准则：和上级领导交流，首先，要学会"尊重领导"，当领导布置工作时，认真聆听、仔细记录是最基础的尊重；当领导的意见和自己的建议不一致时，不能当面打断、反驳，应该先让领导说完，再委婉地表达自己的不同见解；其次，要学会"做事不做主"，中层领导需要有良好的角色意识,认真解读教导主任职责权限,对待学校工作多请示汇报,不能擅自做主,以免带来不必要的麻烦;最后,要学会"分忧不添忧",学校整个领导团队都应该为了学校的发展、师生的成长服务,教导主任在工作岗位上,要勇于担当,不能为了怕得罪人,把矛盾推到校长室。

与教导主任平级同事之间相处,我们一定要牢记"一家人"的宗旨。教导处同事齐心合力是正常开展工作的前提,换位思考是和谐相处的催化剂,相互补台是提高工作效率的重要保障。

与一线教师交流,教导主任要做到"三个要",即要面带微笑,要正面鼓励,要学会包容。交流中,教导主任要淡化主任角色,心平气和,进行友好的、平等的对话,让老师感到亲切。和老师交流时,要先肯定老师好的做法和敬业的工作态度,再提出一些需要改进的地方,让对方乐于接受你的建议和劝告。学会包容,是教导主任涵养的具体表现,要信任老师的师德和师能,包容他们的一些小缺憾,以服务的态度走进每一位老师的心灵,与他们做朋友,用情感的交流带动工作中的相互支持、相互帮扶。

二、教育研究,永葆学习力

作为一名教导主任,要在学校立足、取得教师的信任,教育科研能力是一项不可或缺的要素。只有自身科研意识、科研能力强,才能在工作中不断发现问题、分析问题、解决问题。当下,教导主任们因为常常陷于繁杂、琐碎的事务中,反思笔耕的时间、精力越来越少,淡忘了教育研究,从而削弱了自身的研究力和学习力,久而久之,不能与时俱进、创造性地开展工作,影响了工作的效率。

邱吉尔的那句话——"不放弃!绝不放弃!永不放弃"鞭策着我走过20多个春秋,开始了"勇攀科研高峰"的执着追求。

1. 反思教学,寻找研究主题

教育著作《学记》中说:"学然后知不足,教然后知困。知不足,然后能自反也;知困,然后能自强也。"教学反思是教师的一种良好品质。其实,教育教学研究的主题往往就来源于教学中的问题与困惑。只有养成勤于反思、善于学习、忙于笔耕的习惯，我们在教学中才能不断地发现问题、分析问题、研究问题、解决问题、再发现新问题，如此这般螺旋上升，才能推进教学质量的提升。这样的研究主题是一种真问题，往往更具生命力，更具实效性。

2. 查找文献，了解研究动向

选择了研究的主题，要及时查阅相关主题的文献资料，了解前人研究的成果与动向，补充和完善自己的思路，提升研究的价值，避免重复劳动。例如，2010年颁布了《国家中长期教育改革和发展规划纲要（2010—2020年）》。《纲要》指出："教育应当坚持以人为本、面向全体学生、促进学生全面发展，全面实施素质教育是教育改革发展的战略主题。"通过对"三全"的认真解读，一线教师们开始热衷于研究"分层教学模式"。这时候，如果研究主题确定为"分层教学"，你会发现，网络、文献中，该主题的研究"漫山遍野"、层出不穷，把你准备研究的问题与文献进行对比，找出异同、进行筛选，不再过多谈及对相同问题的思考，不同视角的问题将是你接下来研究的领域。

3. 咨询专家，确定研究重点

初步确定了研究问题的新视角，还要与专家、同行进行对话和研讨，要认真分析并确定研究的重点。例如，2003年，在新课程改革的浪潮中，作为教导主任的我经常走进语文、数学课堂听课视导。每次在布置作业时，老师都会给学生布置预习作业。围绕课堂教学质量的提升，我就在想，能不能启动体育教学中的课前预习呢？带着这样的问题，我咨询了省、市教研员，他们很赞同我的想法，并对我的研究重点进行了指导：体育课前预习要关注理论和实践结合，要依据学生的认知特点，要符合学生的身心需求，要体现学科的特点，等等。名师、专家和同行的指导与提示，为下一阶段文章框架的搭建打下坚实的基础。这一环节很重要，起着事半功倍的效果。

4. 梳理脉络，搭建文章框架

宋朝苏轼在《答谢民师书》里提及"文理自然，姿态横生"。这里的"文理"就是指文章的框架、脉络，框架的搭建对于文章的撰写至关重要。我在写作的时候，借鉴"STARTREE"脑图软件的功能，搭建文章框架，分层设计，层层推进，围绕标题，充实论证。框架搭建好后，不要忙着撰写，要反复推敲、完善，最好再次请专家修改、指导，力求做到科学性、合理性、整体性。

5. 撰写正文，充实研究依据

文章的框架搭建好后，就要开始撰写正文。正文撰写一般包含提要、关键词、引论、主论、结论几方面。提要是全文的概述，表明文章的研究领域与鲜明观点，让读者一目了然。关键词是文章中的核心词，要对这一核心词进行解读，让读者了解概念与内涵。在引论中，作者要阐述研究的背景、目的和意义，前人研究的成果，以及提出的研究假设。主论要观点鲜明，客观辩证。观点是论文的灵魂，在论证中要详细阐明自己的独特见解，求新、求异、求实是论文学术水平高低的主要标准。讨论时不要强词夺理、自圆其说，不能回避不同的观点。力戒论证的片面性、主观性、随意性。论据要注意科学性和逻辑性，科学性永远占主导地位。结论部分必须概括论点，突出主旨，提出研究的价值意义与存在的不足等。文字不宜过长，要精练，要画龙点睛。最后，如果论文中引用了他人的重要论点或有关资料，就要在最后的参考文献中注明引用书刊的名称、期号、题名及作者姓名等。

6. 咬文嚼字，精练文辞表达

"言而无文，行之不远"。文章通篇文字要自然流畅、充满文采，但也不要有意识地雕琢，因为写文章的初衷是为了"文以载道"。文章叙述要合乎逻辑，层次分明，朴素真实，分寸恰当。初稿完成后，不要立即成文提交，放一段时间，反复吟读，仔细推敲，千锤百炼。例如，我在今年的论文撰写中，仅一个标题就修改了三次：

"五大身体素质加速青年教师成长"→"五大身体素质新解读"→"身体素质：支持体育教师成长"→"润泽成长：五大身体素质新解读"。每一次修改，我都要仔细推敲、慎重斟酌，力求做到表明观点、虚实相生、增强可读性。

荀子说:"骐骥一跃,不能十步;驽马十驾,功在不舍。"坚持是一种美德,是一种信念,是一种继承,是一种创新。我们每一位教导主任,如果能坚持慎独每一天、尊重每一个、把好每一关、服务每一个,就一定能围绕"办人民满意教育"的终极目标,扬帆远航,乘风破浪!

(南京市游府西街小学 倪晨瑾)

参 考 文 献

[1] 彼得·德鲁克.管理的实践[M].齐若兰,译.北京:机械工业出版社,2006.

[2] 道格拉斯·麦格雷戈.企业的人性面[M].韩卉,译.北京:中国人民大学出版社,2008.

[3] 顾泠沅.校本研修应成为教师的内在需求[J].教育发展研究,2007(8).

[4] 汉恩·吉诺特.接受我的爱:老师如何跟学生说话[M].许丽美,许丽玉,译.北京:中国广播电视出版社,2009.

[5] 黄银美.教务主任的工作艺术[M].南京:南京大学出版社,2011.

[6] 雷·埃尔顿·赫伯特.取悦公众:公关之父艾维·李和美国公关发展史[M].胡百精,顾鹏程,周卷施,译.北京:中国传媒大学出版社,2014.

[7] 黎正良,等.实用护理人际学[M].成都:四川科学技术出版社,1989.

[8] 李峥.人际沟通[M].北京:中国协和医科大学出版社,2004.

[9] 刘水英.管理者如何实现有效授权[J].中外企业家,2013(20).

[10] 罗伯特·里肯.校长的平衡艺术[M].金洪芹,译.上海:华东师范大学出版社,2008.

[11] 马仁杰,王荣科,左雪梅.管理学原理[M].北京:人民邮电出版社,2013.

[12] 彭志强,刘燕,王湘云.卓越执行:中国企业如何提升执行力[M].北

京：机械工业出版社，2005.

[13] 王立杰，许舟平.敏捷无敌［M］.北京：电子工业出版社，2009.

[14] 王楠.新课程中校长角色政治傲慢的尴尬与消解［J］.现代教育，2004（22）.

[15] 徐今雅.试析教师继续教育的课程编制［J］.中国成人教育，1999（9）.

[16] 许明.英国中小学教师的评价制度和特点［J］.外国教育研究，2002（12）.

[17] 约翰·罗尔斯.正义论［M］.何怀宏，何包钢，廖申白，译.北京：中国社会科学出版社，2009.

后 记

《教导主任工作问题案例集》这本书是我在2006年至2016年举办小学教导主任培训班的过程中进行研究,并和我的学员们一道探讨的关于"教导主任工作问题"的研究成果。

2006年开始,为了办好培训班,我进行了大量的调研,在调查分析的同时,深刻感受到教导主任的工作对于一所学校的重要性。如何使教导主任健康、持续、和谐地成长,如何促进教导主任的专业发展,是值得研究的课题,因此,我于2007年、2009年申报了南京市"十一五"规划课题"教导主任培训课程开发的研究""教导主任培训课程资源建设的研究"。在研究如何培训教导主任、如何开发教导主任培训课程时,编写了《教务主任的工作艺术》一书,此书由南京大学出版社于2011年出版。

从2010年开始,我们在开展教导主任培训时,就遵循这样一个培训理念:"解决学员的问题,让学员自己解决问题"。在每次教导主任培训班开班前,我们都要进行问卷调查,收集教导主任在工作中遇到的问题,并对教导主任提出的问题以及管理案例进行归类整理和具体分析,在分析的基础上,确定培训主题、内容、形式,最终分析让学员感到困惑的案例,解决学员认为的难点和问题,从理论上让学员的成功案例得到提升,然后大家共同分享。

2015年,中国轻工业出版社让我再编写一本教导主任工作案例的书。于是，我于 2016 年下半年开始，和我的研究团队成员一道，再次对学员的案例进行了梳理和分析，整理出这本《教导主任工作问题案例集》。

第一章"教导主任角色定位"，分别收集了上海、浙江、江苏等地部分专家、校长对于教导主任角色的认识，同时也收集了南京部分教师撰写的题为"期待中的教导主任"的一组文章。这一章主要由我和王亚娴老师负责联系专家、校长、教师，进行资料收集、文字编辑以及审稿。

第二章"教导主任与教学'五认真'管理"，由南京市银城小学的陈德中老师进行审稿和编排，简介、案例四和他山之石部分由陈老师编写。参与本章编写的人员还有：南京师范大学附属中学新城小学北校区的朱海泉老师，南京市天正小学的王军老师，南京市五老村小学的王玲老师，南京市秦淮实验小学的司美玲老师，南京市六合区冶山中心小学的张学思老师，南京市北京东路小学的朱志林老师。

第三章"教导主任与课务管理"，简介由我编写，后面的六个案例由南京市五老村小学的井枫屏老师进行审稿和编排，他山之石部分由南京市青云巷小学的金魁老师编写。参与本章编写的人员还有：南京晓庄学院附属小学的晋欢老师，南京市教师培训中心的邵雁老师，南京市五老村小学的程镝老师，南京市江宁区上坊中心小学的周建华老师，南京市小行小学的朱瑾伟老师，南京财经大学附属小学的刘宁燕老师。

第四章"教导主任与学科建设"，由南京市游府西街小学的倪晨瑾老师进行审稿和编排，简介和他山之石部分由倪老师编写。参与本章编写的人员还有：南京市同仁小学的利刃老师，南京市游府西街小学的查静老师，南京市小行小学的孙晓芳老师，南京市察哈尔路小学的杨湘革老师，南京市凤凰花园城小学的许雯老师。

第五章"教导主任与校本研修"，由南京市方兴小学的朱培波老师进行审稿和编排，他山之石部分由朱老师编写，简介由我编写。参与本章编写的人员还有：南京市建宁小学的王勍老师，南京市建邺实验小学的范玲玲老师，南京市浦口区实验学校的潘霄燕老师，南京市金陵汇文学校小学部的陈馨老师，南京市月牙湖小学的韩璐老师，南京师范大学附属中学新城小学的夏勇老师。

第六章"教导主任与人际沟通"，由南京市将军山小学的于斌老师进行审稿和编排，简介和他山之石部分由于老师编写。参与本章编写的人员还有：南京市中华中学附属小学的孙韵老师，南师附中树人学校附属小学的吴芳芳老师，南京市南湖第二小学的丁维兵老师，南京市锁金新村第一小学的罗志蓓老师，南京市宇花小学的张绪波老师，南京市中央路小学的张群老师，南京市东郊小镇小学的皇甫海燕老师，南京市青云巷小学的金魁老师。

第七章"教导主任与管理方法"，由南京市青云巷小学的金魁老师进行审稿和编排，简介和他山之石部分由我编写。参与本章编写的人员还有：南京市双塘小学的钱婷老师，南京市西善桥中心小学的方慧老师，南京市游府西街小学的宁景位老师，南京市银城小学的陈德中老师，南京市六合区龙袍街道新桥小学的谢家宏老师，南京市教师培训中心的王亚娴老师。

第八章"教导主任与自我发展"，由我进行审稿和编排，简介和"从一场辩论会看教导主任与自我发展"部分由我编写。参与本章编写的人员还有：南京市天正小学的张伶俐老师，南京市光华东街小学的张淑芳老师，南京市天妃宫小学的刘莹老师，南京市将军山小学的于斌老师，南京市方兴小学的朱培波老师，南京市青云巷小学的金魁老师，南京市五老村小学的井枫屏老师，南京市游府西街小学的倪晨瑾老师。

全书由我和陈德中老师统稿，书中的图片由陈德中老师负责收集整理，有些图片由负责编写的老师提供，有些图片来自网上图片库，因未找到其出处和作者，故没有标明具体出处，敬请谅解。

在编写过程中，研究组的全体成员与基层学校的校长和教导主任一道开展实践探索，为本书提供了大量的实证资料。2009年、2010年、2011年、2014年、2015年的培训班学员为本书提供了大量的写作素材，为尊重他们的劳动成果，我们在每篇后都注明了供稿的老师。

在写作过程中，我们得到了中国教育科学研究院毕诚博士、南京市教育局张生书记、南京市教师培训中心左坤主任的悉心指导，得到了上海市静安区教育学院培训部曹兵主任、杭州师范大学继续教育学院黄芳老师的鼎力相助，得到了南京市教师培训中心全体教师的大力支持。

借此机会，我以万分感激的心情，对上述提到的各位专家、学者、领导和老师们，对所有为本项目研究和本书出版提供了热情帮助的朋友们，表示最诚挚的感谢。

由于作者水平有限，书中难免有疏漏和不当之处，敬请各位同人斧正。

黄银美
2017年8月于南京

万千教育 基础教育类书目

书号	书名	著、译者	定价(元)
班主任工作理念与方法			
2877	班主任工作的60个"鬼点子"	刘坚新 郑学志 编著	52.00
2879	班主任与家长沟通的艺术 ——创建优质家校关系的60个策略	郑学志 著	52.00
2204	做一个会"偷懒"的班主任（第二版）	郑学志 著	48.00
1708	怎样教授道德才有效 ——德育心理学家给教师的建议	杨韶刚 等 译	48.00
1709	学生特殊问题发现与应对 ——给普通教师的建议	昝飞 等 著	48.00
7316	把班级还给学生 ——班集体建设与管理的创新艺术	郑立平 著	26.00
7344	遭遇问题学生 ——问题学生的教育与转化技巧	万玮 编著	25.00
7317	魅力班会是怎样炼成的	杨兵 著	25.00
8631	家校沟通，没有痛过你不会懂 ——知名班主任梅洪建的心路历程	梅洪建 著	32.00
0539	如何上好班级心理辅导活动课 ——钟志农答疑50问	钟志农 著	42.00
9902	德育主任新方略	丁如许 著	32.00
8611	班主任工作中的心理效应	刘儒德 主编	35.00
1135	班主任有效沟通的艺术与技巧	李进成 著	36.00

编号	书名	作者	定价
0541	班主任如何破解德育低效难题	赵坡 著	35.00
9135	班主任，青春万岁——王君带班之道	王君 著	34.00
8770	班主任如何带好差班	赵坡 著	30.00
8309	扶年轻班主任上马	王莉 著	38.00
7926	教师必须掌握的教育惩戒艺术	郑立平 等著	28.00
7928	做一个聪明的班主任——对常见七类学生的教育艺术	郑立平 等著	28.00
班主任工作理念与方法合计			**694.00**
中学/中职班主任专业技能			
0938	好班是怎样炼成的——中学班主任班级建设之道	谢云 主编	38.00
0061	中学班级心理辅导活动60例	杨敏毅 等著	35.00
9882	初中主题班会设计技巧与优秀案例	郑学志 主编	34.00
9056	高中主题班会设计技巧与优秀案例	郑学志 主编	32.00
9557	打造高中卓越班级的42个策略	覃丽兰 著	38.00
9990	打造中职卓越班级的41个策略	李迪 著	32.00
9905	中职主题班会设计技巧与优秀案例	李迪 著	35.00
9604	中学德育问题与对策	李季 贾高见 著	35.00
8463	中学班主任的70个临场应变技巧	刘令军 等著	34.00

……
欲了解更多图书信息，请登录：www.wqedu.com
联系地址：北京市西城区三里河路6号院2号楼213室　万千教育
咨询电话：010-65181109，65262933
*本目录定价如有错误或变动，以实际出书为准。